Milagro *en la* Mina

I0889506

Milagro *en la* Mina

UNA HISTORIA DE FORTALEZA,
SUPERVIVENCIA Y VICTORIA
EN LAS MINAS DE CHILE

JOSÉ HENRÍQUEZ

Vida®

La misión de Editorial Vida es ser la compañía líder en comunicación cristiana que satisfaga las necesidades de las personas, con recursos cuyo contenido glorifique al Señor Jesucristo y promueva principios bíblicos.

MILAGRO EN LA MINA
Edición en español publicada por
Editorial Vida - 2011
Miami, Florida

© 2011 por José Henríquez

Editor general: *Gisela Sawin*
Edición: *Madeline Díaz, Alfred Cooper y Horacio González*
Diseño interior: *Gus Camacho*

RESERVADOS TODOS LOS DERECHOS. A MENOS QUE SE INDIQUE LO CONTRARIO, EL TEXTO BÍBLICO SE TOMÓ DE LA SANTA BIBLIA NUEVA VERSIÓN INTERNACIONAL. © 1999 POR BÍBLICA INTERNACIONAL.

ISBN: 978-0-8297-6057-6

CATEGORÍA: Biografía / Autobiografía

IMPRESO EN ESTADOS UNIDOS DE AMÉRICA
PRINTED IN THE UNITED STATES OF AMERICA

15 16 17 18 19 ❖ 10 9 8 7 6 5 4

Dedico este libro para la honra y la gloria
de nuestro Señor Jesucristo

Contenido

PRÓLOGO

Nos encontrábamos en el Desayuno Nacional de Oración (National Prayer Breakfast) junto con el presidente Obama y su esposa, Michelle, cuando José hablaba desde el podio y yo le traducía. Relataba cómo en la mina San José habían desarrollado una comunidad de supervivencia a través de la democracia y la oración. La frágil sociedad de los treinta y tres atrapados a casi setecientos metros bajo tierra en el desierto Atacama en Copiapó, expuesta a mil peligros y carencias de lo básico para sustentar la vida, según contaba él, logró establecer una disciplina que asombró al mundo entero. «Una señal de Dios», argumentaba, «en medio de un mundo peligroso donde miles mueren en minas o accidentes todos los días, la mayoría de las veces por causa del egoísmo y la codicia del hombre. Sin embargo, inexplicablemente, a nosotros se nos llamó por medio de este accidente para dar testimonio de que sí hay un Dios vivo que escucha la oración, aun del más pequeño y en las circunstancias más imposibles. Este es un Dios que hace milagros hoy». Él habló unos escasos seis minutos y toda la concurrencia, incluyendo al presidente del país más poderoso del mundo y la primera dama, aplaudieron estruendosamente de pie durante varios minutos.

Yo me maravillaba de nuevo... ¿Qué tenía esta historia relatada tan sencillamente que había sacudido al mundo? El rescate de estos mineros fue el acontecimiento con mayor cobertura mediática en la historia de la televisión. Más de mil millones de personas vieron la increíble hazaña del salvataje de los treinta y tres mineros. Lo había acompañado a él y a su esposa Blanca (mi hija Melanie le sirvió a ella de intérprete) durante dos semanas en una gira por Inglaterra e Irlanda, la cual culminó con esta cita en Washington. Doy fe de que jamás he visto a tanta gente de diversos trasfondos tan tocada por el poder del evangelio. En la Catedral de Durham, repleta hasta su máxima capacidad, resonó el emocionante llamado a encontrarse con el Minero 34, a quien ellos habían conocido en el fondo de la mina. Centenares de manos se levantaron mientras las lágrimas caían y las vidas se abrían a la posibilidad de conocer a un Dios que puede rescatarnos. Esta escena se repetía una y otra vez en las iglesias, los centros culturales, los clubes de mineros, los colegios, en cada lugar que visitábamos. Concurrencias no vistas en más de cuarenta años acudieron a escuchar a este rudo minero chileno, que brillaba con su fe íntegra y su fortaleza de carácter, moldeado en las filas evangélicas de Chile. ¡Nos gozamos con José vez tras vez al notar la paradoja de Dios! Observamos cómo el Señor llevaba a los lugares más sofisticados del mundo a este obrero chileno de pocas letras, experto tornero y maquinista, gran folklorista y músico, a fin de dar testimonio a las multitudes de la realidad de Dios. Al meditar en ello, veo tres razones para la increíble atracción que provocó el mensaje de José.

Primero, él habla con plena convicción de la realidad de Dios. Los milagros, las visiones, las respuestas a la oración en medio de un inminente peligro mortal, la desesperación y la fe se unen para dar un testimonio que hace que la gente globalizada suspire con alivio y diga: «¡Entonces hay un Dios!».

Segundo, José ofrece un mensaje de esperanza. ¿De qué pesadilla resulta más imposible escapar que de la de estar atrapado en el fondo de una mina? Su milagro trae esperanza a miles que se encuentran atrapados en sus propios peligros, fracasos, cárceles, accidentes y enfermedades.

José no es un triunfalista. Con una sensible seriedad les habló a los mineros ingleses acerca de los muchos accidentes que también suceden en otras minas, los cuales no encuentran una respuesta aparente a través de la oración. Oró por las víctimas de esas tragedias a las que solo podíamos expresarles nuestra solidaridad humana. Y sin embargo, su mensaje siempre lleva una luz de esperanza a aquellos que sufren por medio de su ejemplo y el testimonio de que los milagros comienzan cuando nos humillamos delante del Dios vivo.

Tercero, se trata de una historia de rescate. Sin duda, la trama producirá una gran película pronto. Este rescate incluyó al presidente de Chile, grandes expertos y científicos traídos del mundo entero, la NASA, valientes mineros y rescatistas que se ofrecieron voluntariamente arriesgando sus vidas, cada uno de los treinta y tres mineros con sus propias historias y, por supuesto, por medio de la oración… a Dios mismo. Un rescate total observado por el mundo entero, un «reality» real. Y la combinación de estos elementos ha producido este fervor que incluso a un año del accidente sigue provocando el interés.

Como él mismo testifica, José fue preparado para su misión. La historia trata sobre los treinta y tres mineros, pero este libro se enfoca en el «Pastor» (como lo llamaban cariñosamente sus compañeros) al que se le dio la tarea de enseñarles a orar y pedir un milagro. Su preparación desde chico, su familia, su desarrollo entre los obreros de las minas chilenas, su apego a la verdad, así como su cuidadosa integridad y testimonio aun en el fondo de la tierra, constituyen el contenido de estas páginas.

Mi esposa Hilary y yo consideramos que el hecho de acompañar a José y Blanca como intérpretes y amigos es uno de los privilegios más grandes de nuestra vida. Las circunstancias nos llevaron a vivir muy cerca de ellos, y mientras más los conocemos, más los admiramos. Yo me he encontrado compartiendo mi corazón con José y pidiéndole consejos. En una oportunidad le dije: «José, si algún día me tocara estar encerrado en el fondo de una mina, no hay nadie en el mundo con quien más me gustaría estar que contigo». Él se rió con su risa socarrona de minero y me respondió: «Usted, pastor, no sobreviviría un día en la mina. ¡Aunque si tiene a Jesús, todo es posible!». En eso radica la esencia del mensaje de José: Jesús hace posible lo imposible.

Pastor ***Alfred Cooper***

CAPÍTULO 1

El milagro que ven millones

Nunca antes se había visto algo similar. Se esperaba que la operación sin precedentes para rescatar a los treinta y tres mineros que habían quedado atrapados por casi setenta días demorara alrededor de cuarenta y ocho horas. Más de mil millones de televidentes observaban atentamente cada movimiento que hacía el equipo de rescate. Los que estábamos atrapados en las profundidades de la mina San José también contemplábamos todos los detalles llenos de ansiedad. Nuestras vidas dependían de este rescate, y nada podía darse por seguro.

Nada había sido seguro desde el momento en que la mina se derrumbó el jueves, 5 de agosto del 2010. Sentimos que la tierra tembló cuando aquel terrible suceso nos dejó a treinta y tres de nosotros atrapados a setecientos metros bajo tierra. Los rescatistas empezaron a buscar sobrevivientes al día siguiente, pero el 7 de agosto, apenas día y medio después del primer colapso, hubo un segundo derrumbe mientras los rescatistas trataban de entrar por el pozo de ventilación de la mina.

En la superficie del yacimiento la situación era desesperada. Una muralla de escombros de casi un kilómetro de espesor bloqueaba la entrada. A fin de continuar el esfuerzo de rescate, resultó necesario traer maquinaria pesada a la mina, la cual estaba localizada treinta kilómetros al noroeste de la ciudad de Copiapó, en Chile.

En las entrañas de la mina, la situación era incluso más desesperada. No nos hallaron vivos hasta el domingo, 22 de agosto, diecisiete días después del colapso inicial. La confirmación de que estábamos vivos solo significó el comienzo de una lucha épica por parte de nuestras familias, los rescatistas, nuestra nación y todos aquellos que esperaban liberarnos. ¡Estábamos vivos... pero enterrados! Necesitábamos una fe sólida para abrigar al menos un rayo de esperanza en cuanto a que esta pesadilla pudiera tener algún resultado positivo y por lo menos algunos de nosotros fuéramos capaces de sentir una vez más en nuestros rostros el calor de los rayos del sol.

La confirmación de que estábamos vivos solo significó el comienzo de una lucha épica.

¡Desde el momento en que nos hallaron, necesitamos esperar otras siete semanas y media a fin de que nos rescataran! Mientras esperábamos, los minutos parecían horas, las horas parecían días, y los días nos cambiaron para siempre. Después de lo que parecieron días interminables de un arduo trabajo que rayaba en el sacrificio con el objetivo de lograr la perforación y el entubamiento de un conducto que nos enlazara con la superficie, se anunció que el rescate empezaría. Finalmente, como diez minutos después del tiempo programado para comenzar, el primer sobreviviente logró llegar a la superficie. El resto de nosotros lo siguió poco después, a un ritmo de aproximadamente un hombre por hora.

Muchos han dicho que el exitoso rescate de los treinta y tres mineros chilenos de la mina San José resultó ser un milagro. Y lo fue. Sin embargo, nuestro rescate fue solo uno de los muchos milagros que tuvieron lugar en esa mina y en las vidas de los que vivieron esa experiencia. Para mí, el milagro empezó el 17 de febrero de 1956.

Mi niñez y juventud

Mi vida se inició en el pueblo de San Clemente, en la provincia de Talca, cerca de las montañas, una localidad que forma parte de la Séptima Región del Maule, en Chile. Provengo de una familia de once hermanos, aunque solo siete permanecemos vivos. Debido a que éramos una familia cristiana, mis padres nos pusieron a todos nombres de personajes bíblicos. A uno lo llamaron Elías, a otra Ester, y así por el estilo. A mí me pusieron por nombre José.

Mi relación con mi madre siempre fue muy buena. Ella siempre quiso lo mejor para sus hijos. Era buena con nosotros, pero también estricta. Mientras fuimos pequeños nos impuso una severa disciplina y nos castigó siempre que resultó necesario. En verdad, pienso que una de las cosas más maravillosas para un hijo es tener a su madre. Como hijos, no siempre entendemos esto durante nuestra adolescencia, aunque sí nos percatamos de ello cuando somos niños y más tarde al convertirnos en adultos.

Mi relación con mi padre fue diferente. A menudo me trataba con rigor, tal vez por eso yo también soy severo a veces. Sin embargo, mi padre nos llevaba a lugares interesantes, como la central hidroeléctrica El Toro y el pueblo de Los Ángeles, lo cual resultaba muy emocionante para mí. Durante mi adolescencia, mientras vivíamos en el pueblo de Los Ángeles, en la región de Bobío, lo veía muy poco. Debido a su trabajo solo venía a casa una vez al mes. La adolescencia es una de las etapas más complicadas de la vida, y un muchacho necesita a su padre cerca para hablar con él. Así que en términos de tener un padre durante esa etapa de la vida, me sentí hasta cierto punto solo.

En realidad, me hubiera gustado pasar más tiempo con mi padre. No obstante, sus ausencias prolongadas contribuyeron a que estableciera una relación muy fuerte con mi abuelo, que era pastor. Mi relación íntima con mi abuelo fue parte del propósito de Dios, ya que me permitió aprender acerca del Señor. Muchas veces vi a mi abuelo atravesar situaciones difíciles debido al evangelio. Él experimentó muchos tiempos de necesidad. Con todo, continuaba predicando el evangelio con gran amor.

> *Mi relación íntima con mi abuelo fue parte del propósito de Dios.*

A veces iba con mi abuelo a las vigilias de oración y los cultos de la iglesia en las regiones montañosas. También lo acompañaba hasta los pueblos remotos donde proclamaba la Palabra de Dios. Con frecuencia llegábamos a casa tarde en la noche, y a las pocas horas simplemente nos poníamos de nuevo en camino para partir hacia otros lugares. En ocasiones viajábamos en bicicleta, mientras que otras veces caminábamos toda la noche para llegar a un pueblo.

Mi abuelo era un pastor muy tolerante y cariñoso. Tenía una hermosa manera de relacionarse con la gente. Sabía cómo conectarse con las personas e influir en ellas. Sabía cómo presentar a Cristo. Predicaba con mucha virtud y lo querían mucho en los cerros y los campos donde llevaba a cabo su ministerio. Debido a estas cualidades mi relación con él fue muy profunda. Por mucho tiempo lo he reconocido como el líder espiritual de mi vida. Su ejemplo a menudo acudió a mi mente durante los días pasados en los oscuros recovecos de la mina San José.

La música de mi vida

Mi abuelo también me enseñó a amar la música y tocar el acordeón. En gran parte aprendí a hacerlo viéndolo tocar su instrumento y oyéndolo cantar. Mientras asistía a la escuela en Los Ángeles, también aprendí a tocar la guitarra y otros instrumentos musicales. Cuando vivíamos en Talca, empecé a tocar con algunos grupos musicales. Pronto la música llegó a ser lo más importante en mi vida.

Me encantaba la cueca, que es la danza nacional de Chile, y era muy bueno tocando el arpa, la guitarra y el acordeón. A los dieciocho años ayudé a organizar un grupo musical folklórico. Nuestro grupo ganó dos trofeos importantes en la categoría de cueca llamados Olivos de oro.

Nuestra música nos llevó a muchos lugares, incluyendo Argentina. Durante muchos años tocamos en San Bernardo, un lugar donde los grupos folclóricos se reúnen para presentar su trabajo. Un festival de artes que se realiza allí destaca lo mejor de la música folclórica, recuperándose y representándose de nuevo algunas obras olvidadas. Las exposiciones destacan pinturas y obras de arte de varias regiones del país. También se llevan a cabo investigaciones y contribuciones a la cultura musical.

Era emocionante para nosotros compartir la hermosa música chilena que amábamos, pero el hombre siempre encuentra una manera de echar a perder las cosas. Y eso fue lo que me sucedió. La música folclórica no le dio significado a mi vida ni me proporcionó satisfacción. Dediqué diecisiete años de mi vida a la música, pero no me sentía complacido. Mi vida parecía vacía.

La música también me llevó por caminos que me alejaron de Dios. A menudo discutía con mi hermano, que tocaba música folklórica conmigo, sobre los temas de las canciones que interpretábamos. Aunque en ese tiempo de nuestras vidas buscábamos la satisfacción fuera de la iglesia, la música de nuestro abuelo aún formaba parte de la melodía que atesorábamos en nuestro corazón y nuestra mente. De modo que siempre que oíamos música cristiana, de inmediato nos poníamos de acuerdo. Al instante toda enemistad entre nosotros se acababa. Esto me ayudó a entender lo que quiere decir la Biblia cuando afirma que nuestro Señor habita entre las alabanzas de su pueblo (Salmo 22:3). Descubrí que si uno toma una guitarra y un acordeón y toca para Cristo, lo encuentra en medio de las alabanzas. He podido comprobar que esto es verdad en todo momento de mi vida, incluso dentro de una mina oscura.

Aunque me distancié de la iglesia y me dediqué a la música, siempre mantuve una relación muy íntima con mi abuelo. Él me toleró por muchos años, aun cuando veía mis errores. Nunca me juzgó. Me respaldó y me enseñó muchas cosas. Nunca dejó de quererme, tratándome siempre con bondad. Su presencia llenó mi vida de gracia y me rodeó de amor. Tal como el Señor Jesús vino para rescatar y salvar lo que se había perdido, mi abuelo me rescató con amor.

Con el tiempo, el amor me ganó. Aunque a muchos de nosotros nos gustaría decir: «Creo en Dios, pero no deseo obedecerle», debemos aceptar su Palabra, sus preceptos, sus mandamientos y sus estatutos a fin de creer en él. No podemos afirmar que creemos en Dios si no le permitimos ser el Señor de nuestras vidas. Sin fe es imposible agradar a Dios. La Biblia declara: «Así que la fe viene como resultado de oír el mensaje, y el mensaje que se oye es la palabra de Cristo» (Romanos 10:17).

> *Sin fe es imposible agradar a Dios.*

Conforme crecemos en nuestro conocimiento de la Palabra de Dios, llegamos a entender mejor estas cosas. Poco a poco, Dios nos da más comprensión y sabiduría al prepararnos para retos mayores. Durante los años en los que toqué música, nunca pensé que predicaría en las calles. Nunca pensé que predicaría en una mina. Dios hizo esto por mí porque así es como él nos rescata para darnos nuevas oportunidades.

Mi experiencia con Dios empezó mucho antes del derrumbe de la mina San José. Mientras nosotros los mineros esperábamos a setecientos metros debajo de la superficie de la tierra, podíamos oír los fuertes latidos de los corazones de nuestros compañeros en ese espacio pequeño y cerrado. Sabíamos que estaba teniendo lugar un milagro. Los retos de nuestro rescate finalmente estaban llegando a su fin, pero nos preocupaba la jornada que teníamos por delante. Ninguno sabía lo que nos depararía el futuro. Cuando llegó mi turno para salir de la cápsula de rescate, quedé totalmente aturdido al ver todo el equipo que Dios había reunido a fin de salvar nuestras vidas. Me di cuenta de que Dios no había considerado ningún costo demasiado grande con el objetivo de liberarnos (se calcula que la operación de rescate costó unos veinte millones de dólares). Percibí entonces que el rescate milagroso de nuestra odisea no era el fin, sino el principio de nuevas oportunidades para cada uno de nosotros.

CAPÍTULO 2

Entrenamiento para la mina San José

A pesar de las oportunidades que tenía para tocar música folklórica en los rodeos y festivales, la música no llenaba mi corazón. Sin embargo, puedo decir que algo maravilloso resultó del tiempo que pasé interpretando música folklórica, y es el hecho de que conocí a Hettiz, la mujer que se convirtió en mi esposa. Ella era una bailarina folklórica de la región del Río Maule, donde nos conocimos y enamoramos.

Después de haber salido con ella por algún tiempo, le dije a mi padre que quería casarme. Desde el principio mi familia aceptó a Hettiz y ella supo que éramos cristianos. Yo deseaba casarme y tener mi propia familia. No podía vivir solo de la música, así que era necesario que encontrara un trabajo permanente, con un salario estable, a fin de que mi sueño de tener una familia se hiciera realidad.

Debido a que había estudiado para ser mecánico tornero, busqué trabajo en la esfera de la mecánica en los grandes talleres. Presenté mis credenciales y mi hoja de vida en todo lugar en que pensé que podía hallar empleo. Les pedía a todos que me dieran una oportunidad de darme a conocer y demostrar mis cualidades como buen trabajador. Creía que todo esto, junto con mi testimonio, hablaría bien de mí. Aunque no estaba muy cerca del Señor en ese tiempo, las enseñanzas de mi familia siempre permanecían presentes en mi vida. La Palabra dice: «No te jactes de ti mismo; que sean otros los que te alaben» (Proverbios 27:2). Con esto en mente, presenté mi hoja de vida, esperando que con el tiempo mi experiencia y mi buena conducta confirmaran mi potencial.

No encontré el trabajo que deseaba. Sin contactos o amigos que pudieran ayudarme desde adentro de la industria de la mecánica, las puertas se mantuvieron cerradas para mí. Finalmente, obtuve un empleo como jornalero. Debido a que estaba muy enamorado y quería realmente casarme, acepté un trabajo en la mina El Teniente. Así es como me convertí en minero, al igual que mi padre, mis tíos y mis hermanos.

Mi primer contacto con la minería a la antigua

Mi arduo trabajo en las minas empezó en 1974, pero no me importó, ya que tenía el deseo y el propósito de iniciar una familia. Sabía que Dios bendice el matrimonio, y después de tantos años puedo decir que mi esposa y yo hemos sido muy felices. Hettiz ha sido el pilar de mi

Dios bendice el matrimonio.

vida. Ella refleja a la perfección la descripción bíblica de la mujer virtuosa: «Mujer ejemplar, ¿dónde se hallará? ¡Es más valiosa que las piedras preciosas!» (Proverbios 31:10). Le doy gracias a Dios por la esposa que tengo y me siento muy orgulloso de ella. La esperanza de verla de nuevo a menudo alentó mi corazón durante los días de adversidad y sufrimiento dentro de las minas.

Y hubo abundantes días de adversidad. En El Teniente, en Rancagua, en la provincia de Cachapoal, aprendí lo que significa trabajar la minería a la antigua. Allí los mineros lo hacían todo a mano, con una picota. Los doce de nosotros que empezamos juntos el trabajo tuvimos nuestra prueba de fuego con la pala. A cada equipo de cuatro hombres se le daba un vagón de ocho toneladas de capacidad que tenía que estar lleno y listo para salir al mediodía cada día. Después de nuestro tiempo de prueba solo quedamos cuatro de los doce.

No sabía mucho cómo usar las herramientas de la mina, pero mi padre me había enseñado algo. Y debido a la estrecha relación que mantenía con mi abuelo, siempre me incliné a observar a los hombres de mayor edad que poseían más experiencia en el trabajo. De esta manera aprendí de los expertos cómo realizar la minería. Estos maestros me enseñaron de qué forma trabajar con las maquinarias y me dieron muchos consejos, como por ejemplo el mejor modo de agarrar una determinada herramienta y operar cierta máquina. Tal conocimiento me ayudó a salir adelante, así que siempre animo a los jóvenes a observar a sus mayores, los que saben más, a fin de adquirir de ellos sabiduría.

> *Aprendí de los expertos cómo realizar la minería.*

Durante mi aprendizaje en El Teniente trabajé como enmaderador, buzonero, huitrero y también ocupé otros puestos en la mina. En ese tiempo fabricábamos nuestros propios buzones y el enmaderador era el que reparaba las compuertas. Ahora se emplean puertas hidráulicas y otras maravillas de la tecnología moderna. El puesto de huitrero ya no existe. Los mineros usan un martillo que puede operarse remotamente vía computadora desde una oficina en otro lugar. No obstante, en mis primeros días de minero las cosas no se hacían así. Las vagonetas llenas de mineral tenían que vaciarse a mano usando carretillas.

Más tarde comencé a trabajar para una empresa contratista. Me mudé a Los Ángeles, Pichipocura, y también a Lota y otras ciudades a las que la empresa me envió a fin de trabajar en ciertos proyectos.

En la ciudad de Lota trabajé en una mina de carbón en la que tuve una experiencia muy hermosa. Lota se considera una ciudad cristiana, en la cual existen muchas iglesias. Allí muchos conocen a Jesús y acerca de las cosas de Dios. Las personas del lugar son muy buenas.

Pienso que Lota fue el único sitio donde he trabajado en el que los obreros alababan a Dios antes de entrar a la mina. Abordábamos un tren para recorrer el túnel de acceso, que tenía una longitud de nueve kilómetros debajo del mar. Esa era la distancia que teníamos que transitar simplemente para llegar al lugar de trabajo, y debido a que todos éramos cristianos, le cantábamos al Señor durante el camino. Cada día, antes de empezar nuestras labores, celebrábamos un culto en honor al Señor en el que entonábamos cantos de alabanza, leíamos las Escrituras y orábamos, dirigiéndonos más tarde a nuestros lugares de trabajo específicos a fin de comenzar nuestra faena.

Fuimos muy felices en Lota, pero después de un tiempo un representante de la compañía me notificó que debía mudarme a Santiago para trabajar en la mina de oro El Indio, en la región de La Serena. Después de dejar Lota, empecé a notar lo misericordioso que el Señor había sido conmigo. El trabajo en las minas conlleva un alto riesgo de accidentes, y yo estuve expuesto a ellos repetidas veces. Mucho antes de hallarme en las entrañas de la mina San José empecé a comprender que aunque somos imperfectos, Dios nos ama tanto que nos brinda su protección. Como hijos de Dios participamos de la abundancia del Padre, de lo que él posee y pone a nuestra disposición. Con frecuencia, el Señor nos advierte las cosas antes de que sucedan. Él le muestra a su pueblo su amor cuando envía a sus ángeles para protegernos.

> *Dios nos ama tanto que nos brinda su protección.*

Endeudado con Dios en El Alfalfal

Alrededor de 1986 formaba parte de un equipo que estaba construyendo una planta hidroeléctrica en El Alfalfal, en la región metropolitana de Chile. Una mañana la extraña imagen de una enorme copa a punto de desbordarse acudió a mi mente. En ese momento recordé que la Palabra de Dios dice: «El primer ángel fue y derramó su copa sobre la tierra» (Apocalipsis 16:2). Así que le pregunté al Señor: «¿Qué significa esto?».

Entonces me acordé de un arriero que había pasado por la mina y nos había advertido que algo iba a suceder, que estábamos en peligro en la mina. Nadie le prestó atención a esta advertencia, pero la primera noche que dormimos en el campamento minero ocurrió un accidente. A la noche siguiente, otro incidente tuvo lugar: una avalancha produjo una inundación en el valle.

Estábamos profundamente dormidos cuando de repente oímos un tremendo estruendo y luego percibimos un temblor. Parecía ser algo peor que un terremoto. Todo el campamento empezó a tambalearse de un lado a otro. Mi hermano, que también es cristiano, se encontraba conmigo. Él me despertó y dijo: «¡Ven, mira cómo el río está creciendo!».

¡El río estaba muy crecido, y el campamento se hallaba casi a ras de la corriente! La inundación venía avanzando desde la distancia. Ya había cubierto algunas instalaciones, incluyendo el casino y las oficinas. Le dije a mi hermano y a los que estaban con nosotros: «No hay tiempo para recoger nada. ¡Debemos correr ahora mismo!».

Mientras corríamos doscientos metros hacia la seguridad de una colina, el aluvión continuaba creciendo cada vez más. Algunos campamentos con sus casinos (restaurantes) fueron arrasados por la corriente, así como también varios camiones, autobuses y todo tipo de maquinaria. ¡Los periódicos luego publicaron una fotografía de una piedra gigantesca, como de trece metros de diámetro, que había sido desprendida por el deslave y la inundación iba arrastrando!

Durante la carrera nos deteníamos para golpear las puertas de las casas de algunos amigos que estaban durmiendo a fin de que también salieran, pero casi todo lo que podíamos hacer era gritar y correr. Siempre recuerdo a Dinamarca, un amigo de Antuco que salió de su casa y corría junto conmigo. De pronto se cayó y lo ayudé a levantarse, pero entonces decidió regresar.

«¿Adónde vas?», le grité. Él estaba todavía medio dormido y no entendía el peligro. Quería volver a su dormitorio. Le supliqué que no lo hiciera, pero me ignoró y nunca más lo volví a ver.

Corrimos y corrimos. Las piedras candentes nos quemaban las plantas de los pies. Trepamos por la ladera de la montaña como unos doscientos cincuenta metros y contemplamos el deslave que pasaba. Fue terrible. Nos quedamos allí toda la noche, vestidos solo parcialmente, petrificados por el terror y contemplando con desesperación cómo morían nuestros amigos. A muchos de los que treparon a las colinas más tarde tuvieron que rescatarlos en helicóptero, ya que no podían descender de la montaña por sí mismos.

El incidente fue muy serio. Se estima que murieron más de cincuenta personas, aunque nadie sabe el número exacto, ya que muchos quedaron sepultados por el deslave. Una gran cantidad de amigos perdió la vida allí. Por eso digo que soy un deudor de Dios. Y esa no sería la única vez que el Señor me salvara para continuar escribiendo su historia conmigo.

> *Soy un deudor de Dios.*

Entrenado en el valle de sombra de muerte

La tragedia puede afectar a cualquiera en un instante, sin que podamos explicar por qué ocurren esas cosas. Muchos acusan a Dios de permitir tales tragedias, pero en realidad el hombre tiene mucha culpa. A veces estas cosas suceden debido a la irresponsabilidad del hombre en la búsqueda de oportunidades económicas sin valorar la vida. Una y otra vez he visto las angustiosas consecuencias que resultan cuando los seres humanos comienzan a pensar solo en proteger las cosas materiales. Después del deslave en El Alfalfal, por ejemplo, todos lucharon por rescatar el equipo de la compañía minera sin importarles que los cuerpos de las víctimas estuvieran todavía desaparecidos y las viudas preguntaran por sus esposos muertos.

Durante mi vida he trabajado en varias minas —en la mina de cobre en Rancagua, una mina de carbón en Lota, una mina de cobre en La Escondida— y he visto la muerte rondando cerca. El mismo año del aluvión en El Alfalfal, en la ciudad de Santiago, en el Cajón del Maipo, presenciamos un accidente que mató a la mitad del equipo que trabajaba en el turno de la noche. ¡La mitad del equipo! Esa mañana el jefe de turno a cargo era mi padre, a quien Dios en su gracia protegió. También en la mina El Teniente, que se halla como a ochenta kilómetros al sur de Santiago, Dios me protegió de tres explosiones de rocas y otra inundación.

Pasé además varios años trabajando en Chuquicamata como perforador, así que puedo confirmar que los accidentes mineros que experimenté antes del que ocurriera en la mina San José constituyeron un entrenamiento de la vida real. Pienso que estos sucesos de mi vida representan algo similar a lo que significó para David matar leones y osos antes de enfrentar su lucha con Goliat. Ver la mano de Dios obrando en mi vida en todos estos sucesos se ha vuelto más maravilloso con el paso del tiempo. Aunque pase por el valle de sombra de muerte, continúo teniendo fe en que Dios está obrando en mi vida para lograr su propósito.

> *Dios está obrando en mi vida para lograr su propósito.*

CAPÍTULO 3

Bajo la protección de Dios

La llegada de mis hijas trajo una sorpresa inesperada. Fue toda una conmoción cuando nos enteramos de que esperábamos gemelas. ¡Una doble porción de felicidad era nuestra! Sin embargo, durante toda su niñez, mi trabajo como minero me alejaba de casa por varios días a la vez.

Las empresas contratistas en las que trabajaba operaban en base a un sistema de turnos: once por tres, once por seis, diez por cinco y veinte por diez. Los turnos consistían en veinte días de trabajo seguidos de diez días de descanso, o de once días de trabajo y luego seis días de descanso. Tales calendarios prolongados de trabajo ya no se permiten. Ahora los mineros trabajan en turnos de cuatro por cuatro: cuatro días de trabajo y cuatro días de descanso. El antiguo sistema de trabajar doce días y descansar seis era conveniente para los que vivíamos lejos y teníamos que viajar largas distancias a fin de llegar a la mina. Menos viajes de ida y vuelta nos permitían disfrutar de más tiempo de descanso en casa.

Mi calendario de trabajo exigió que mi esposa asumiera la mayor parte de la responsabilidad en la crianza de nuestras niñas. Ellas son unas hijas maravillosas y siempre se han portado muy bien. Aunque me echaban mucho de menos en casa, nunca se quejaban al enterarse de que tenía que marcharme de nuevo. De modo que cuando me encontraba en casa con ellas, aprovechábamos el tiempo al máximo.

Mi vida nunca resultó muy difícil, ya que mi madre siempre fue muy buena conmigo y luego fui muy afortunado con mi propia familia. Mi trabajo era duro, pero era un buen trabajo. Sin embargo, no me sentía feliz. No estaba satisfecho con mi vida diaria. La familia y el trabajo no eran suficientes. Algo faltaba.

Los juegos de fútbol nunca me consolaron. Aunque disfrutaba al tocar música, un don que Dios me dio a fin de usarlo para él, eso no me complacía. Como muchos jóvenes, no tenía una clara visión y una buena dirección, así que no sabía qué hacer con los talentos que había recibido ni cómo manejar mi vida. No obstante, ahora sé que podemos tener la confianza de que el Señor está a cargo de estas cosas. Dios nos permite volar libres, como cometas, elevándonos en el aire hasta que la cuerda se rompe. Y entonces él está allí lleno de misericordia para darnos una nueva oportunidad y permitirnos volar bajo su control. Como un cometa que se ha soltado, me sentía perdido, sin dirección en mi vida. Sin embargo, algo estaba a punto de suceder.

Dios nos permite volar libres, como cometas.

Pasos en una nueva dirección

Una vez más, Dios usó a mi abuelo como la influencia que necesitaba. Mi abuelo era un hombre consagrado y sabio, muy tolerante con mis vicios de juventud. Yo no era un bebedor, pero me gustaban los cigarros y era propenso a soltar palabrotas. En una ocasión incluso me dio dinero para comprar cigarrillos, ya que sabía que cuando un vicio se apodera de un hombre, lo domina. Mi abuelo me dejó volar, tal como un cometa, a fin de que pudiera comprobar que el mundo no satisface.

Un día visité la iglesia a la que asistían mis padres porque el pastor, Osvaldo Lara, había invitado a mi abuelo. Solo fui a fin de ayudar, para acompañar a mi madre y asegurarme de que nada le sucediera a mi abuelo en el camino. Me senté en una banca muy atrás, como por lo general hacía las pocas veces que iba. No obstante, ese domingo en particular, cuando salíamos del edificio, mi abuelo se acercó a mí muy contento, me abrazó y me dijo: «¿Y tú, muchacho? ¡Con ese cuerpo y tan cobarde! ¿Cuándo vas a recibir al Señor Jesucristo?».

Lo miré fijamente y pensé: ¿Qué se habrá creído este viejo? Por supuesto que no expresé en voz alta mi pensamiento, pero eso era lo que sentía en el corazón. Sus palabras me dejaron intranquilo. Me di cuenta de que no podía continuar viviendo separado de Dios. Una semana más tarde, le pregunté a mi madre: «Pues bien, ¿qué debo hacer para recibir a Jesucristo? ¿Qué tengo que hacer para servir a Dios?».

Ella dijo: «Toma tu acordeón y preséntate ante el pastor. Eso es todo lo que tienes que hacer».

Seguí su consejo. Ese mismo día fui a ver al pastor y empecé a experimentar un cambio en mi vida. Un fuego empezó a arder en mi interior. Incluso ahora no tengo palabras para explicar el gran amor que experimenté ese día, un amor que me marcó para siempre.

Algunos piensan que tienen que cambiar primero y después buscar a Dios, pero el Señor nos indica que debemos buscarle primero y él nos ayudará a cambiar. Jesús nos dice: «Ven a mí tal como estás». Él me recibió tal como era, con una boca de la que brotaban palabrotas, los dedos amarillentos y mi aliento oliendo a cigarrillo, pero más que todo, con un corazón insatisfecho.

Jesús nos dice: «Ven a mí tal como estás».

Dios no nos gobierna por medio de la fuerza. Sin embargo, cuando finalmente llegué al punto en que me atreví a decir: «Aquí estoy, Señor. Quiero conocerte. Quiero entregarte mi vida», Dios empezó a hacerse cargo de mi existencia. Ya no fui un cometa a la deriva llevado por el viento. Dios había sujetado la cuerda.

Mi transformación empieza

La jerga que usan los mineros es muy grosera y desagradable. No obstante, cuando Dios empieza a hablarle a nuestro corazón, se inicia una obra de transformación en todo aspecto de nuestra vida. Cuando finalmente busqué la ayuda y la dirección de Dios, de inmediato comencé a ver los resultados. Aprendí que el Señor puede modificar incluso nuestra manera de hablar, no al cambiar las palabras mismas, sino al transformar lo que hay en nuestro corazón y lo que nuestras palabras provocan en los demás.

Una semana después de haber recibido al Señor en mi vida, sentí mucha vergüenza por algo que hice y esto me sirvió como una severa lección. Estaba operando una enorme máquina perforadora con un ayudante que no era el hombre con el que habitualmente trabajaba. Cuando estábamos en medio de una tarea, noté que él cometía un error. En ese momento dejé escapar un comentario muy insultante con respecto a su persona, aunque al instante le agradecí a Dios que mi compañero de trabajo no me hubiera oído. Sin embargo, con mis oídos renovados, me percaté enseguida de lo que había hecho, y lo que días antes me hubiera parecido normal, ahora me llenó de vergüenza. Me sentí mal por un lado, pero al mismo tiempo también muy feliz, ya que me di cuenta de que Dios me estaba dando una nueva conciencia para ver con claridad lo bueno.

Desde ese día en adelante el Señor cambió mi manera de hablar. Reconocí mi pecado y él me transformó. Antes de esa ocasión, no podía hablar sin proferir veinte o treinta expresiones vulgares en medio de todo lo que decía. Ahora que el Señor dirigía mi vida, ya no podía usar ese vocabulario, que presentaba un mal testimonio. Dios me estaba librando de esa conducta porque había hallado «su luz admirable» (1 Pedro 2:9).

Descubrí que Dios nos trata a cada uno de una manera personal. Él es amable y bondadoso. Poco a poco, mediante su Palabra y con amor y prudencia, elimina todo lo que sea desagradable en nosotros. Nunca dejaremos de aprender y ser moldeados por el Señor si le prestamos atención a las enseñanzas de su Palabra. Por eso es tan importante asistir a la iglesia, a fin de aprender más acerca de Dios. Es necesario que nos veamos en el espejo de las Escrituras. Necesitamos buscar su voluntad y alinear nuestras vidas con respecto a ella.

Dios nos trata a cada uno de una manera personal.

Un orden apropiado para mi vida

Después que recibí al Señor asistí a la iglesia dos años sin perderme ni un solo servicio. Me sentía contento. Ese era el lugar donde quería estar. Me encontraba experimentando mi primer amor con Jesús, y lo único que quería hacer era permanecer cerca de Dios. Eso es lo que sucede cuando una persona como yo recibe a Jesucristo. Queremos involucrarnos por completo en las cosas del Señor.

Así que decidí quedarme en casa por dos años sin trabajar en las minas. Hallé otro tipo de empleo cerca de mi hogar a fin de poder pasar más tiempo con mi familia y en la iglesia. Para ese entonces tenía algo más de treinta años. Salía a predicar en cualquier lugar que me necesitaran. Participaba en las vigilias de oración y otras actividades de la iglesia junto con mi esposa e hijas. Dios obró en mi carácter y mi familia durante ese tiempo. Llegué a darme cuenta de que desde que era un niño mi vida había estado bajo la protección de Dios, bajo la unción de su promesa.

Esos fueron los años más felices de mi vida. Estaba sirviendo al Señor de toda manera posible y yendo a cualquier lugar al que me enviara. No le fallé ni una sola vez, y eso resultaba hermoso para mí. Sin embargo, mis hijas estaban estudiando y necesitaba asegurarme de que contaran con un seguro médico, teniendo también otros gastos que no podía cubrir a menos que regresara a mi antiguo trabajo.

Dios quiere lo mejor para nuestras vidas y nuestros hijos.

Aunque nuestra prioridad no deben ser las cosas materiales, Dios quiere lo mejor para nuestras vidas y nuestros hijos. ¿Y cómo podemos ayudar a nuestros hijos si no tenemos un buen empleo? Es necesario que uno provea para comida y ropa, pero esas cosas no bastan. Así que tuve que aceptar la situación y darme cuenta de que Dios quería que fuera un hombre próspero, alguien capaz de alcanzar otra dimensión en el trabajo que realizaría en la vida. Me convencí de que Dios me daba luz verde para volver a mi empleo en las minas. Era tiempo de que fuera una luz en mi propio hogar a fin de poder inspirar más a mi familia.

Desde ese momento en adelante, en cada una de las ciudades o pueblos a los que fuimos a trabajar, lo primero que hacía era buscar una iglesia a la que asistir mientras estuviera allí. En todo lugar al que íbamos hallábamos buenos lugares para nutrir nuestros cuerpos físicos, pero también buscábamos iglesias que nutrieran nuestros espíritus con la Palabra del Señor. La Biblia dice: «No se engañen: de Dios nadie se burla. Cada uno cosecha lo que siembra» (Gálatas 6:7). Amaba al Señor y su obra, y reconocía mi necesidad de estar con Dios, experimentar su presencia y sentirme fortalecido, así como también de aprender de su Palabra.

CAPÍTULO 4

El cerro avisa

La mina San José se halla como a cuarenta y cinco kilómetros de la ciudad de Copiapó, en el desierto de Atacama, el lugar más seco del mundo. Era explotada como un yacimiento de cobre por la compañía minera San Esteban. Había estado trabajando en esa mina como por siete meses, operando una gigantesca perforadora montada sobre un chasis hidráulico. La máquina trabaja con motores eléctricos y existen distintos modelos a fin de poder usarla para túneles de diferentes tamaños. También posee controles avanzados para posicionarla con precisión a fin de lograr el mejor efecto.

Aunque empecé como obrero, adquirí experiencia en todas las diferentes etapas de la operación de la mina hasta que aprendí a manejar esta gigantesca máquina. Decidí que debía disfrutar de este trabajo como una bendición de Dios, proponiéndome hacer las cosas de una manera productiva y pacífica.

Un turno normal de trabajo consistía en perforar y luego limpiar los escombros. Entonces me movía a otro lugar y hacía lo mismo de nuevo. Cada operación de perforado llevaba como dos horas, dependiendo del radio del área que hubiera que taladrar. Cuando terminaba de perforar, el siguiente trabajador venía, colocaba explosivos en el área taladrada y los detonaba. Entonces los cargadores frontales recogían los escombros y los cargaban en los camiones.

Aunque el proceso suena sencillo, resultaba un trabajo muy peligroso. San José era una mina de cobre, pero se trabajaba como una mina de oro. Parece que el cobre que se extraía de la mina era de baja calidad, pero el oro que se hallaba allí justificaba el trabajo en el yacimiento. Por ese motivo algunas prácticas indebidas, como excavar demasiado, se adoptaron en el lugar. Esta práctica no produce los mejores resultados, pero se llevaba a cabo debido a la codicia humana.

Excavar en demasía no era el único peligro. Estábamos taladrando a una profundidad como de quinientos a setecientos metros bajo tierra. No había nada que extraer por encima de ese nivel, pues todo ya se había agotado, incluso hasta más abajo. Además, a la mina le faltaba ventilación. Los efectos del monóxido de carbono que emitían las máquinas, sumado a las altas temperaturas de como treinta y cuatro grados Celsius, que se intensificaban debido al calor de los motores de los camiones y la maquinaria, producían un medio ambiente muy peligroso. Personalmente sufrí dos accidentes debido a la acumulación de gases nitrosos y monóxido de carbono. En ambas ocasiones perdí el sentido por lo menos durante cuarenta minutos.

Para sobrevivir a estas condiciones de trabajo pasábamos nuestros momentos de descanso en lo que llamábamos el «refugio», un lugar con oxígeno y buena ventilación. Nos turnábamos para ir a este lugar. Completábamos nuestras tareas y luego corríamos al refugio en busca de oxígeno.

Peligros ignorados

Sabía que las condiciones de trabajo en la mina San José no eran buenas y que la seguridad no resultaba óptima. Todo minero está bien consciente de los riesgos a los que se expone antes de firmar un contrato, pero entender el peligro no es lo mismo que experimentarlo en carne propia. Las cosas no se estaban haciendo bien. Aunque les notificamos a las autoridades acerca de la situación, nunca nos prestaron atención.

Los que tenemos años de experiencia en la industria minera sabemos que el cerro avisa cuando algo está a punto de suceder. Esto ha sido cierto en todos los lugares en los que he trabajado. Los conocedores dicen: «La mina habla». Es como si desde sus entrañas la montaña empezara a gritar: «¡Tengan cuidado! ¡Puedo estallar! Las presiones se están acumulando y van a estallar».

El cerro nos había estado advirtiendo del peligro por un buen tiempo, tal vez incluso durante meses. Empezamos a oír estruendos y ruidos sordos desusados provenientes de las rocas en el interior de la montaña. Algo estaba sucediendo en todos los

El cerro nos había estado advirtiendo del peligro por un buen tiempo.

lugares por donde andábamos, inclusive en el túnel de acceso. Varias explosiones de rocas pequeñas tuvieron lugar en los recodos y otros lugares. Le hablamos de esto a los jefes y el geólogo nos advirtió que la mina podía derrumbarse, pero no la rampa. Así que nos envió a trabajar de nuevo, diciéndonos que mantuviéramos la calma.

La verdad es que no hicieron nada. Para algunos propietarios una picota vale más que la vida de un minero. Todo lo que les interesaba era mantener la producción en el lugar, sin preocuparse por la vida de los trabajadores. Por eso a algunas minas se les califica de primera clase y a otras no. No podemos catalogarlas a todas de la misma manera, ya que algunas conscientemente han adoptado reglas y procedimientos de seguridad que deberían ser la norma de todo yacimiento. Hay minas y minas. Hay dueños y dueños.

El colapso de la mina San José es uno de los accidentes más graves en la historia reciente de la minería en Chile. El incidente ha puesto de manifiesto los riesgos de la minería y las terribles condiciones de trabajo dentro de los yacimientos. También sirve como evidencia de la falta de prevención y medidas de seguridad necesarias para proteger la vida de los mineros. En lo personal, estoy convencido de que el accidente sucedió a fin de que se pudieran hacer cambios dentro de la industria minera para darle la debida dignidad al papel del minero.

Otras advertencias

Durante los siete meses en la mina San José antes del accidente, trabajaba en turnos de siete por siete. Pasaba una semana en la mina y la siguiente en casa. Durante la última semana en mi hogar, antes de partir para regresar a la mina, algo extraño sucedió.

La persona que recibe a Jesucristo es sellada con el Espíritu Santo y Dios empieza a convertirse en una realidad perceptible en la vida de tal individuo. De modo que empecé a sentir a Dios cerca de mí antes de saber lo que se avecinaba. Otros también lo sintieron.

Mi abuela, que todavía vive, soñó que Dios le decía que yo iba a atravesar algunas circunstancias difíciles, una situación muy peligrosa y compleja, de la que me resultaría muy difícil salir. Basada en esa percepción llamó a mi madre y le contó su sueño a fin de que ambas pudieran orar. Sin embargo, una oración no fue suficiente para ella, así que pocas horas más tarde llamó de nuevo. Dios la envió dos veces a interceder en oración por mí.

Cuando mi esposa se enteró de esto, se preocupó y se inquietó mucho. Ella estaba consciente de las condiciones peligrosas de la mina porque yo le había contado algo al respecto. Después de enterarme del mensaje de mi abuela, me dije que en cualquier momento algo terrible podía suceder.

Cuando salí de mi casa, la despedida de mi hija resultó muy diferente a la de otras veces. Ella iba discutiendo con el chofer del taxi porque no se apuraba. Cuando nos despedimos, sentí la presencia del Señor abrazándonos y pensé: Algo va a ocurrir. No me explico esta despedida tan cercana y tan afectuosa de mi hija, a diferencia de las anteriores, que han sido distintas, más alegres.

Más tarde, al dirigirme a la mina para empezar la semana de trabajo, meditaba en lo que mi abuela había dicho: «Vas a tener problemas y te va a ser difícil salir de ellos». Sabía, por la lectura de la Biblia y al meditar en

> *Nuestra fe será probada no solo una vez, sino en muchas ocasiones.*

ella, que el camino del evangelio no está alfombrado de pétalos de rosas. Más bien, como la Palabra nos enseña: ««El oro, aunque perecedero, se acrisola al fuego. Así también la fe de ustedes, que vale mucho más que el oro, al ser acrisolada por las pruebas demostrará que es digna de aprobación, gloria y honor cuando Jesucristo se revele» (1 Pedro 1:7). Esto nos dice que nuestra fe será probada no solo una vez, sino en muchas ocasiones. De modo que me puse en camino orando: «Señor, hágase tu voluntad».

Las rocas estallan

La noche del 4 de agosto dormimos en el campamento de Copiapó. El día siguiente, 5 de agosto, era mi primer día del turno. La jornada de trabajo empezó muy temprano en la mañana, como siempre. Cuando el sol salía por el horizonte, ya estábamos preparándonos para otro día de ardua faena. Llegamos al lugar de trabajo en autobús, nos cambiamos de ropa y nos fuimos a nuestras estaciones a fin de comenzar. Allí recibimos nuestras instrucciones para el día, y con cada hombre llevando sus herramientas, linterna, casco y artículos personales, nos embarcamos en los camiones que nos llevaban hasta las profundidades de la mina. Aunque por lo general ingresábamos a la mina en un camión junto con todos los demás trabajadores, ese día entramos más temprano que de costumbre en una camioneta. Viajábamos con nuestro jefe, sin ninguna prisa, tranquilos. Él nunca bajaba a la mina, ya que no estaba obligado a hacerlo.

En la vía de acceso a la mina hay varias estatuas de santos y vírgenes empotradas en las peñas. Algunos de mis compañeros de trabajo las saludan al entrar al yacimiento, en tanto que otros elevamos nuestras oraciones a Dios mientras ingresamos en el túnel. Para algunos observadores esto pudiera parecer como los mismos ritos religiosos, solo que con un objeto diferente de superstición. Sin embargo, no es lo mismo. Para los primeros el rito es meramente un reflejo que dura unos pocos segundos. La oración, por el contrario, es un acto consciente, un diálogo que a menudo empieza en nuestras casas antes de salir para nuestro trabajo. Cuando oramos nos sentimos protegidos y podemos confiarle nuestro futuro al Dios invisible. Esta es una costumbre que practican los mineros evangélicos y resulta determinante.

Al entrar en la mina, estábamos tranquilos y confiados mientras nos preparábamos para las rutinas y responsabilidades de nuestro día normal de trabajo. Los especialistas en explosivos entran a la mina junto con los especialistas en las máquinas de diversas clases. Luego ingresan los conductores de los camiones, los que trabajan en los aspectos de seguridad o están a cargo de las reparaciones, y por último los propios mineros se dirigen a sus respectivos lugares. Ese día los trabajadores entraron uno por uno hasta que el turno de trabajo dispuso del personal completo, con todos listos para desempeñar nuestras rutinas usuales como en cualquier otra jornada laboral.

Varios mecánicos enviados para reparar una maquinaria entraron a la mina conmigo. Mientras trabajaba con mi equipo, uno de ellos dijo: «Don José, queremos que nos haga un favor. Sabemos que usted hoy no va a tener mucho trabajo en la mañana, así que necesitamos que le haga un chequeo al equipo y anote cualquier desperfecto que observe en él. Debemos conocer los problemas que tiene para llevarlo en estos días a reparación». Mi respuesta fue afirmativa. Por supuesto, era mi deber hacerlo. «Estamos aquí para trabajar y hacer lo que tengamos que hacer», respondí.

Pienso que me llevó como hora y media cumplir con tal encargo. Inspeccioné con todo cuidado el Jumbo (la máquina), me lo llevé al taller y de allí me fui al refugio.

Serían como las dos de la tarde cuando de pronto nos ensordeció un poderoso estruendo de rocas. La explosión de rocas vino con una onda expansiva que nos dejó a todos cubiertos de tierra, provocando una densa nube de polvo que impedía ver y tardaría cuatro horas en disiparse. El alma humana tiende a percibir estos sucesos en términos de su propia experiencia, pero en lo primero que todos pensamos fue en quedarnos quietos por varios segundos hasta poder tener un mejor sentido del peligro que tan abruptamente había interrumpido nuestra rutina. Todos nos preocupamos mucho por lo que estaba sucediendo debajo de nuestros pies, por encima de nuestras cabezas, y en las paredes que parecían tambalearse a nuestro alrededor.

La explosión de rocas vino con una onda expansiva que nos dejó a todos cubiertos de tierra.

Cada uno de los hombres se encontraba en diferentes lugares dentro de la mina, pero el refugio pareció el sitio lógico para guarecernos. Poco a poco todos empezamos a llegar a tropezones. Aunque estaba a un nivel más bajo en el interior del yacimiento, era el punto más seguro. En verdad, el lugar estaba preparado para el tipo de situación que enfrentábamos. Siempre que se diseña la construcción de una mina, los geólogos designan la parte más segura como refugio, verificando su confiabilidad por la estabilidad de las formaciones de rocas. El refugio medía cinco por quince metros, es decir, era como del tamaño de un camión, y estaba aprovisionado con oxígeno, agua y comida para situaciones de crisis tales como esta.

Después que las explosiones de roca y los deslaves terminaron y la nube de polvo se asentó, los treinta y tres de nosotros logramos reunirnos en el refugio. Uno por uno confirmamos que ninguno había recibido ninguna lesión. Eso por lo menos era una causa de celebración, y nos llenó de un sentido de asombro.

CAPÍTULO 5

En el refugio

Inmediatamente después del accidente supe que el camino para salir de la mina estaba bloqueado. Siempre que un túnel de acceso queda cortado de modo abrupto, los oídos proveen la primera advertencia. Así que teníamos una idea de lo que había sucedido, pero no estábamos seguros por completo.

Cuando el polvo y el humo se asentaron lo suficiente como para aventurarnos fuera del refugio a fin de mirar a nuestro alrededor, empezamos a comprender. El túnel de acceso estaba bloqueado por enormes montones de rocas y escombros. Nos preocupamos por dos mineros que habían dejado el área justo antes del accidente. ¿Habrían podido salir de la mina vivos? ¿O estaban atrapados en algún punto entre los escombros?

Realizamos varias inspecciones buscando una ruta de escape. Tratamos de salir por los pozos de ventilación, pero resultaba imposible. No teníamos el equipo necesario, como por ejemplo escaleras o cuerdas que pudiéramos usar para escalar paredes verticales. Además, nuestras linternas se habían dañado. Continuar buscando un escape significaría exponernos a un peligro adicional. Así que desde el primer día descartamos toda esperanza de una salida fácil. Más bien volvimos al refugio y nos resignamos al hecho de que habíamos hecho todo lo humanamente posible. El escape resultaba imposible.

El escape resultaba imposible.

Tampoco podíamos comunicarnos con la superficie. Sabíamos que los que estaban fuera de la mina darían por sentado que si estábamos vivos, trataríamos de reunirnos en el refugio. En efecto, nos encontrábamos en el refugio, pero la imposibilidad de demostrar que estábamos vivos y bien agobiaba nuestra mente.

Después que la idea de que no teníamos ruta de escape se afianzó en nuestra mente, debatimos la situación entre nosotros. Teníamos que organizarnos para un estilo de vida nuevo y diferente a fin de sobrevivir hasta que llegaran los rescatistas. No teníamos ni idea de cuánto podrían demorar. Nuestra lucha por sobrevivir comenzó.

Evaluación de la situación

La máquina que operaba, el Jumbo, se hallaba cerca del pozo de ventilación. Cuando la vi, me di cuenta de que si no hubiera sido por la rueda dañada, me habría encontrado en mi puesto de trabajo operando la maquinaria que ahora estaba casi completamente sepultada bajo las rocas. Mis compañeros de trabajo, junto con el jefe, se encontraban algo más distantes del pozo de ventilación, así que pudieron correr y escapar del área que se derrumbó. No obstante, si yo hubiera estado operando la máquina en ese momento, la lluvia de rocas y escombros probablemente hubiera acabado con mi vida y no estaría escribiendo estas páginas. El solo pensamiento de este pequeño detalle me hace tener la seguridad de que Dios me estaba protegiendo.

Sin embargo, no todos los integrantes del grupo tenían este sentido de seguridad. El carácter de cada persona es diferente, así que todos no reaccionaron de la misma manera. No todos éramos veteranos. Nuestro grupo incluía hombres muy jóvenes y nuevos en la minería —algunos apenas con cuatro o seis días de experiencia en el trabajo— junto con otros que eran mucho mayores y tenían muchos años de experiencia y un gran conocimiento de la industria minera. Con todo, en general mantuvimos actitudes muy positivas en cuanto nuestra situación, aunque teníamos que reconocer que como meros hombres no había nada que pudiéramos hacer a fin de salvarnos a nosotros mismos.

No había nada que pudiéramos hacer a fin de salvarnos a nosotros mismos.

Las condiciones que enfrentamos representaron una prueba para todos. El refugio no tenía ventilación adecuada, así que la temperatura era de entre treinta y dos y treinta y cuatro grados centígrados todo el tiempo. Todos los controles eléctricos que antes habían hecho funcionar los aparatos de ventilación se habían dañado, así como también los conductos que proveían agua y electricidad. Sin ninguna manera de hacer que el aire circulara en el cuarto, sudábamos profusamente.

En cuanto a la comida, el refugio debía haber estado abastecido con suficientes provisiones para permitir porciones normales de comida durante varios días. Sin embargo, la caja que se usaba para almacenar estas provisiones de emergencia contenía solo unas pocas latas de atún, salmón y leche. Incluso estas no se podían consumir con seguridad, porque la fecha de expiración ya había caducado. Había también unos pocos paquetes de galletas, pero desaparecieron antes de que nos diéramos cuenta.

Con relación al agua, el refugio debía haber tenido suficiente agua potable para el número de personas que trabajaba en un turno promedio, en este caso treinta y tres mineros. La nube de polvo nos había dejado con mucha sed, así que el recipiente que tenía cuarenta litros de agua potable desapareció el primer día. Después de eso, todo lo que quedó para beber fue el agua que usábamos para el trabajo, que se almacenaba en unos grandes tambores. Era agua industrial, que no se consideraba potable, pero fue la que bebimos.

Enfrentando estas rigurosas realidades, decidimos que debíamos organizarnos para permanecer en la mina durante varios días más. Ese fue el momento en que surgieron diferentes opiniones. Algunos exigían ciertas cosas, mientras que otros querían mantener la paz a toda costa. Algunos asumieron una actitud positiva, en tanto que otros se volvieron muy negativos.

Con todo, nos pusimos a trabajar. Hicimos un inventario de las provisiones que tendríamos disponibles para los días siguientes. También decidimos que no podíamos estar todos en un solo lugar. El refugio era demasiado pequeño para que todos permaneciéramos cómodamente allí. Además, el calor se estaba volviendo demasiado intenso. Así que acordamos dividirnos en tres grupos. Un grupo se quedaría en el refugio y los demás se ubicarían en zonas más elevadas del yacimiento. De modo que seleccionamos e hicimos reparaciones en otros espacios de la mina en los que podíamos esperar. Esta fue una manera de tratar de hacer nuestra permanencia subterránea un poco más cómoda y agradable.

Les quitamos las baterías y los focos a las máquinas para iluminar nuestra recién hallada residencia. Usamos la máquina Jumbo para cargar las baterías, ya que era la más económica de todas las máquinas en consumo de combustible y necesitábamos preservar con todo cuidado el que teníamos. La carga de las baterías duraba entre diez y doce horas.

Todos colaboraron en la realización del trabajo. Cada uno estaba dispuesto a desempeñar una función en la distribución de labores, lo que demostró que todos tenían una buena actitud. Sin embargo, había una cosa más que nos dimos cuenta que necesitábamos, y no era una cuestión de trabajo manual. Precisábamos ayuda espiritual para nuestras almas, porque en esa terrible situación el temor estaba echando raíces rápidamente en nuestro corazón. Todos entendíamos demasiado bien los peligros de quedar atrapados en las profundidades de una mina.

El descubrimiento del Minero número treinta y cuatro

En la oscura penumbra de esa mina, se hizo claro como el cristal que Dios era nuestra única esperanza y nuestro único recurso. Les comuniqué este pensamiento a mis amigos a principios de nuestra odisea, antes de que empezáramos a organizarnos y decidir cómo lidiaríamos con la situación. En ese momento me dijeron: «Don José, queremos que nos dirija en oración». No había duda de que necesitábamos una ayuda sobrenatural.

Así fue como, junto con otras tareas, fui designado para desempeñar un papel espiritual. Esto no tuvo lugar por medio de un decreto o el voto de la mayoría. El hecho de que los hombres me conocieran como una persona cristiana y que a menudo les hablara de principios hizo que yo fuera la selección natural. Así es como empezó mi tarea como guía de oración. Mis compañeros pensaron que podía acompañarlos en la oración para pedirle al Señor de una forma unánime que si era su voluntad nos liberara.

Acepté dirigirlos, pero les dije que los cristianos oramos a un Dios vivo que tiene oídos para oír y en efecto nos oye cuando acudimos a él. Así que sería necesario que oraran con fe, que clamaran a Dios sabiendo que él nos oye. Si no podían orar con fe, tendrían que buscar a algún otro que los dirigiera. Eso nunca ocurrió. Ellos aceptaron mis condiciones y dijeron: «Lo haremos como usted diga».

La primera reacción de cualquier cristiano al encontrarse en una situación difícil debería ser: «Señor, soy tu hijo. Cúbreme con tu sangre preciosa». Puedo asegurarles que desde el primer día del accidente de la mina empezamos a orar. Clamamos a Dios y él respondió. No necesitó puertas para entrar en ese lugar con nosotros, porque como todos sabemos, «lo que es imposible para los hombres es posible para Dios» (Lucas 18:27). Cuando nos humillamos en oración delante de Dios, sentimos su presencia en medio nuestro. ¡Él estaba allí! Sin lugar a dudas era nuestro compañero número treinta y cuatro.

¡Él estaba allí! Sin lugar a dudas era nuestro compañero número treinta y cuatro.

En los días que siguieron empezamos a orar juntos y les hablé de la Palabra de Dios. En mi predicación presentaba a Cristo y luego, sin apelar a credos o afiliaciones religiosas, orábamos con la esperanza de recibir una respuesta del Señor. Les dije a los hombres: «La oración es una conversación con el Señor, a diferencia de algo que resulta repetitivo o aprendido». Añadí: «La conversación con Dios es muy importante, porque es como conversar con una persona muy influyente, o como conversar con nuestro padre cuando somos pequeños y necesitamos algo. En la oración nos comunicamos con alguien a quien no podemos ver. Con todo, los que hemos recibido al Señor, aquellos que le conocemos, en realidad tenemos la seguridad de saber que él está allí, ya que sabemos que sus promesas son verdad».

La oración empezó a ser nuestro principal respaldo y los miembros del grupo se interesaban cada vez más y participaban en estos tiempos de comunión con Dios. Empezamos a elevar oraciones personales a fin de que todos pudieran participar en la conversación con el Señor, cada uno con sus propias palabras. Todos tuvieron la oportunidad de alabar a Dios, de expresar algo a su manera. Después de todo, nuestras oraciones tenían un pensamiento en común: que Dios tomara el dominio de toda la situación, porque no podíamos contar con nadie más que nos oyera.

Crecimiento en la Palabra y el conocimiento del Señor

Cuando nuestro confinamiento empezó, no teníamos ninguna Biblia. No obstante, al empezar a hablarles a mis compañeros del Señor, descubrí que muchos versículos y reflexiones espirituales que había aprendido antes durante mi vida acudían a mi memoria. Cada pasaje de la Palabra y las parábolas del Señor que les comuniqué habían sido primero sembrados en mi corazón. Llegué a darme cuenta de que algo que la Biblia dice acerca de los creyentes se estaba haciendo realidad en mi vida: «Es evidente que ustedes son una carta de Cristo, expedida por nosotros, escrita no con tinta sino con el Espíritu del Dios viviente; no en tablas de piedra sino en tablas de carne, en los corazones» (2 Corintios 3:3).

Aunque había participado en varios estudios bíblicos y asistido a la iglesia durante mi niñez, no tenía ni idea de lo mucho que había quedado grabado en mi memoria. Tal vez el enemigo siembra dudas en nosotros porque no quiere que nos interesemos en conocer la Palabra de Dios y aprender más de ella. Sin embargo, cuando llega el momento de necesidad, todo lo que hemos oído y aprendido por años viene a nuestra mente a fin de edificarnos cuando no tenemos otra manera de recibir la Palabra de Dios.

Así que eché mano de todo lo que había aprendido y empecé a hablarles del Señor a mis compañeros, entonces Dios comenzó a obrar en ellos y les dio la oportunidad de conocerlo y comunicarse con él. ¡Algunos de ellos fueron sacados de inmediato de las tinieblas, y qué gran gozo fue ver cómo el Señor iba transformando sus vidas!

Un miembro de nuestro grupo se distinguió como el que llegaría a ser mi ayudante, un «Timoteo» que el Señor levantó en esa oscuridad para que fuera mi compañero a fin de que no estuviera solo en mi tarea espiritual. Me percaté de él casi de inmediato después de haber empezado a orar. Siempre afirmaba las oraciones con un: «Sí, Señor. Amén, Señor. ¡Así sea!». Al tercer día de nuestro confinamiento, el Señor lo tocó y este hombre tomó su decisión, dirigiendo estas palabras a Dios en oración:

«Señor, yo te conocía. Por favor, perdóname por haberte dejado. Si me sacas de este lugar, prometo que te serviré el resto de mi vida».

Algo maravilloso ocurrió en ese momento. Me acerqué a mi compañero y le di la oportunidad de dirigir una oración general, y más tarde la posibilidad de compartir con otros lo que Dios hubiera puesto en su corazón. Recordaba las vigilias de oración en las que había participado durante mi niñez, en las cuales a las personas siempre se les daba la oportunidad de alabar y glorificar a Dios. En esta situación necesitábamos hacer lo mismo a fin de fortalecer la confianza dentro del grupo, de modo que todos se reunieran no solo para observar, sino también para participar y expresarle su amor a Dios mediante la oración personal. Deseaba que todos en la mina tuvieran la oportunidad de decir: «Gracias, Señor», o por lo menos de entonar sus alabanzas.

La oración fue la protagonista principal de esta historia. Humanamente hablando, no había nada que pudiéramos hacer. No teníamos ni idea de lo que estaba sucediendo fuera de la mina, así como tampoco los rescatistas tenían idea de lo que ocurría con nosotros. Con todo, mediante la oración, empezamos a sentirnos rodeados de la presencia del Señor. El Minero treinta y cuatro estaba con nosotros. Podíamos sentir su presencia y hablábamos con él a diario. Así fue como superamos esos días de angustiosa espera, cuando no sabíamos si alguien estaba buscándonos o si todos ya nos habían dado por muertos.

La oración fue la protagonista principal de esta historia.

CAPÍTULO 6

La batalla por la esperanza

Nos aferramos con obstinación a la esperanza incluso estando atrapados en el oscuro interior de la mina. Sin embargo, no nos dábamos cuenta de cuán desesperada parecía nuestra situación para las personas del exterior. Según pude leer después en algunos artículos del periódico local El Mundo y otros diarios, nuestra situación no era buena. Los rescatistas enfrentaban circunstancias muy difíciles. Claramente nuestra realidad era muy precaria. Un informe dice:

Nos aferramos con obstinación a la esperanza incluso estando atrapados en el oscuro interior de la mina.

Madrugada del domingo al lunes, 16 de agosto, interior del Yacimiento San José, en pleno desierto de Atacama. Ingenieros, rescatistas y personal especializado de las mineras «Chuki» y «La Andina» compiten para ver quién da antes con los treinta y tres mineros atrapados en las entrañas del cerro calizo.

Los equipos de sondaje llevan días trabajando y han llegado a medio kilómetro bajo la superficie. Igor, un ingeniero en minas que viene del norte de Chile, se introduce en el derruido Yacimiento San José. A su lado se encuentran los más avezados expertos mineros de Chile, Perú y Bolivia.

Tienen la esperanza de dar con los mineros atrapados antes de que sus compañeros sondeadores lleguen al refugio donde se podrían encontrar, ubicado supuestamente a seiscientos ochenta metros de profundidad. Igor y su equipo se introducen en la mina, la sorpresa que se llevan es mayúscula.

El domingo marcó un antes y un después en el rescate de los treinta y tres mineros. «Entramos a la mina y nos encontramos con un panorama dantesco. Todo se había derrumbado, un muro nos impedía avanzar, así que teníamos que caminar por un estrecho sendero. A un lado teníamos la pared. Al otro, un gigantesco hoyo. El suelo comenzó a resquebrajarse por el lado del muro, así que tuvimos que echarnos para atrás», explica Igor.

La peligrosidad de los trabajos hizo que se suspendieran las operaciones de rescate dentro de la mina. «Yo espero que mis compañeros se encuentren bien, pero las condiciones allí abajo son extremadamente difíciles», comenta el ingeniero en minas.

«Hay mucho rumor respecto al salvamento. Los que entraron el primer día y se quedaron a ciento cincuenta metros del refugio no encontraron ningún camión aplastado, no vieron ningún cadáver, ni tampoco oyeron ruido alguno», dice.

«Hay que ser realista. Las condiciones de la mina son realmente malas, en mi opinión, es difícil que quede alguien vivo», manifiesta el especialista, a quien sus jefes le han ordenado que regrese a su trabajo habitual, pues ya no tiene nada que hacer en el interior del Yacimiento San José.

El experto cree que hay dos factores que influyen directamente en las posibilidades que tienen los mineros de permanecer con vida. El primero, que no se toparan con el efecto de «air bash». «La superficie derrumbada ocupa un espacio que al caer se transforma en aire que circula a gran velocidad. La fuerza de la corriente es capaz de desplazar camiones, material y personas como si fueran plumas», indica. «En la parte baja la mina se dividía en dos. Estamos seguros de que había gente en los sectores de producción, esperemos que el "air bash" no corriera hacia donde se encontraban ellos», comenta Igor.

El otro gran problema es el elemento líquido. Igor aduce que en la mina no había agua: «La única agua que podrían tener es la utilizada para operar. No es potable, pero en esas circunstancias da igual. Las tuberías se cortaron de cuajo con el derrumbe, la única posibilidad es que se formara algún charco y lo hayan encontrado. Hay que tener en cuenta que trabajaban a treinta y ocho grados centígrados, por lo que los niveles de deshidratación son considerables».

Igor añade además que la mina no tenía un refugio como tal: «Los refugios más pobres son cavidades rocosas cerradas herméticamente para luchar contra los incendios. Deben tener comida y máquinas para generar oxígeno. En San José no había nada de eso».

El último tema que le preocupa a Igor es el silencio que escucharon los primeros rescatistas que casi llegan al refugio el domingo, dos días después del accidente. «No se oía nada, lo que quiere decir que están herméticamente cerrados», explica. «Si tenían alguna entrada de aire, bien. En el caso contrario, se les iría consumiendo hasta que entraran en un sueño profundo», añade.

Según Igor, en cualquier momento se puede producir otro derrumbe, mayor aún que el que dejó atrapados a los treinta y tres mineros. «De hecho, han acordonado la zona porque tenemos miedo de que el Yacimiento San José se caiga entero por el "efecto barrido"», indica.

«De todas formas, los mineros son gente experta, esperemos que hayan sido capaces de lidiar con las circunstancias y pronto estén entre nosotros», concluye el ingeniero antes de abandonar el hotel Terrasol de Caldera. Mañana se cumplirán trece días desde que ocurrió el accidente[1].

Tal vez daba lo mismo que no supiéramos cuál era la evaluación desde afuera. Dentro de la mina, ni siquiera el incrédulo más aprensivo podía negar que algo sobrenatural estaba sucediendo. Dios nos fortalecía en cuanto a la esperanza, el espíritu, la confianza y la unidad. Nuestra oración y el clamor de nuestros corazones eran por unidad, a fin de que todos pudiéramos estar remando en la misma dirección. Y eso fue lo que Dios hizo.

Dios nos fortalecía en cuanto a la esperanza, el espíritu, la confianza y la unidad.

Estábamos convirtiéndonos en una sociedad con una meta común y valores compartidos. Experimentábamos una unidad de emoción y pensamiento que nosotros los cristianos llamamos comunión. Aunque es normal que un grupo grande de personas diversas tengan desacuer-

1 http://www.elmundo.es/america/2010/08/18/noticias/1282102425.html

dos cuando atraviesan situaciones tales como la nuestra, tuvimos muy pocas desavenencias entre nosotros. Allá abajo, un espíritu diferente se había apoderado de cada uno de los hombres. Podíamos sentir ese espíritu moviéndose entre nosotros cuando orábamos. Al orar, nos sentíamos cada vez más confiados y la certeza de que Dios nos rescataría aumentaba.

Nuestra esperanza sometida a prueba

Obviamente, algunos de los integrantes del grupo, como mi padre solía decir, «no comulgaban con nosotros». No todos los hombres estaban dispuestos a aceptar el señorío de Cristo y a humillarse ante Dios. Sin embargo, continuamos viendo el poder de Dios manifestándose grandemente. Observamos demostraciones muy poderosas de que el Espíritu Santo estaba presente allí, inclusive vimos que reposaba sobre nosotros en forma de paloma.

Tener este tipo de visión resulta algo maravilloso para los creyentes. No obstante, para los que no creen, la Biblia afirma que es locura: «El que no tiene el Espíritu no acepta lo que procede del Espíritu de Dios, pues para él es locura. No puede entenderlo, porque hay que discernirlo espiritualmente» (1 Corintios 2:14). Así que para algunos de los hombres escuchar hablar de estas cosas u oír a otro minero clamando al Señor de todo corazón, con las lágrimas corriendo por sus mejillas, provocó resistencia.

El mundo no entiende ni puede entender por completo lo que experimentamos allá abajo. Explicar nuestra razón para tener esperanza resulta complicado. Para aquel cuya confianza reside en su propia fuerza, el evangelio será necedad. Sin embargo, Dios les muestra cosas a sus hijos cuando es imperativo, resulta importante para nosotros y sirve a su propósito. Tenía esperanza porque interpretaba las palabras de mi abuela como una señal de alguien que sabe con precisión y de antemano todo lo que va a ocurrir.

La Biblia afirma que incluso cuando andamos por fe delante del Señor, él prueba a los suyos. Como hijos de Dios, a menudo somos probados como el oro en el fuego purificador. Estos son los inescrutables misterios de Dios. Resulta increíble la manera en que él hace las cosas. En la mina, con toda certeza enfrentamos pruebas y oportunidades para el desaliento en las que podríamos haber perdido la esperanza.

Como hijos de Dios, a menudo somos probados como el oro en el fuego purificador.

Desde el día del accidente no sabíamos nada de lo que sucedía en el exterior. No sabíamos nada de nuestras esposas, padres, hermanos e hijos. No sabíamos nada de algún esfuerzo por rescatarnos. A la larga oímos que taladraban las rocas. ¡Estaban usando una sonda para tratar de alcanzarnos! La sonda es un tubo por medio del cual buscaban entrar en contacto y que nos permitiría comunicarnos con los que estaban fuera de la mina. Esta fue una señal alentadora, una razón tangible de esperanza.

Sin embargo, al escuchar con atención, nos dimos cuenta de que el sonido de la sonda ya no venía desde arriba. Más bien oímos ruidos provenientes de abajo. ¡La sonda había errado el blanco! No había llegado al refugio. Se había desviado cierta distancia y pasado de largo. Con eso desaparecieron las esperanzas de muchos.

Apoyándonos en una esperanza viva

Sintiendo una frustración que pesaba en el corazón, nos dimos cuenta de que no habrían muchos más intentos como ese. No sabíamos cuándo los que estaban en la superficie desistirían de sus esfuerzos por rescatarnos. Aunque esto produjo gran desaliento en algunos de los hombres, Dios me había mostrado que nos salvaría. Yo creía de todo corazón que nuestra oración había sido contestada mucho antes. En ese momento mi pensamiento fue: ¡Qué bueno es ser hijo de Dios! ¡Qué bueno es pertenecer al pueblo de Dios y ser parte de su familia!

Sabía sin duda alguna que me encontraba bajo la protección de Cristo. Cuando le rendimos nuestras vidas a Jesús, además de ser sellados por su Espíritu Santo, recibimos la promesa del Espíritu. «Es Dios quien nos ha hecho para este fin y nos ha dado su Espíritu como garantía de sus promesas» (2 Corintios 5:5). Y estas promesas son ciertas y se activan siempre que son necesarias.

Así que incluso en los momentos en que la confianza de los hombres titubeaba, siempre tuvimos la esperanza viva de que saldríamos de la mina y volveríamos a nuestras casas. Tratamos de demostrar nuestra confianza en este pensamiento de muchas maneras. Por ejemplo, algunos decían: «Estoy seguro de que saldremos», «No voy a dejar que el diablo me engañe», «Quiero vivir». Durante todo el tiempo que pasamos dentro de la mina oramos a diario, sin fallar. Incluso muchas veces tuvimos reuniones de oración dos veces al día, al mediodía y después a las seis de la tarde.

Nuestra comunidad dentro de la mina fue entretejida por la tragedia, pero Cristo fue el tejedor maestro. Procuramos de toda manera posible vivir en la unidad, la comunidad y la esperanza que él provee. Tratamos de hacer esto incluso cuando discrepábamos. Después de una acalorada discusión entre personas que eran buenos amigos, elevábamos una oración y luego nos estrechábamos las manos, nos abrazábamos y nos pedíamos perdón unos a otros. Así la amistad quedaba restaurada de inmediato.

«Este no es un lugar para estar enemistados», les decía. «Al Señor le gusta añadir y multiplicar, no dividir. Por lo tanto, no podemos estar divididos aquí. Así que, por favor, pongámosle fin a este asunto y enviemos al diablo allá abajo a donde pertenece, pues aquí no puede quedarse».

Tal vez suene extraño hablar de «enviar al diablo hacia abajo» cuando uno se halla a setecientos metros bajo tierra, pero usted puede estar seguro de que en cualquier lugar de la tierra en que se halle, las hostilidades y los retos vendrán desde abajo. Si mantiene sus ojos en la esperanza del cielo, ya sea que pueda verla o no con sus ojos físicos, tarde o temprano la ayuda llegará.

Si mantiene sus ojos en la esperanza del cielo,... tarde o temprano la ayuda llegará.

CAPÍTULO 7

Estamos bien en el refugio

No basta con que el cristiano conozca la Biblia. La Palabra de Dios dice que también debemos ponerla en práctica: «Si hablo en lenguas humanas y angelicales, pero no tengo amor, no soy más que un metal que resuena o un platillo que hace ruido» (1 Corintios 13:1). Así que pienso que es necesario que el cristiano sea humilde, sencillo, amigable, cariñoso y afectuoso en lugar de engreído, serio y distante, como algunos piensan. Deseo tratar de llegar a las personas, buscar su amistad a fin de saber lo que les sucede y ver cómo puedo ayudarlas. No quiero ser una pared impenetrable. Quiero socializar y disfrutar de la compañía de otros, demostrando que el cristiano es amigable, generoso y cariñoso.

> *La mina se convirtió en el sitio preciso y precioso para hablarles de Cristo.*

Mi lugar es junto a las personas, y la mina se convirtió en el sitio preciso y precioso para hablarles de Cristo y demostrar el amor y la esperanza que solo él puede dar. Sin embargo, la tarea en realidad no fue fácil. Entre los treinta y tres había una gran diversidad de personalidades y experiencia. No empezamos siendo un grupo muy unido.

Antes del accidente cada hombre se concentraba en cumplir con sus responsabilidades y no teníamos relaciones personales estrechas unos con otros. Algunos formábamos parte del equipo de trabajo de una empresa contratista externa, así que estábamos en la mina temporalmente, solo para cumplir nuestras tareas específicas de trabajo y nada más. Por lo general únicamente nos relacionábamos con el capataz y el jefe de turno, teniendo poca interacción, si acaso alguna, con nuestros compañeros de trabajo. Otros trabajadores vivían cerca y pertenecían a la fuerza laboral permanente de la compañía.

Algunos hombres eran jóvenes e inexpertos, con poco conocimiento de las minas, mientras que otros eran mayores y habían pasado la mayor parte de su vida trabajando bajo tierra. Durante los primeros días, los jóvenes en especial parecían algo tristes debido a la falta de confianza. Hubo instantes y situaciones también en que usaban ciertas palabras desagradables, aunque fueran en broma. En cualquier caso, se mostraban impetuosos y decían cosas en momentos inapropiados. Parecía que se sentían malentendidos y su actitud no era positiva. Así que me sentí dirigido a acercarme a ellos a fin de animarlos y mostrarles amistad.

Con el paso de los días la actitud de estos jóvenes empezó a cambiar. Comenzaron a mostrar muchas cualidades positivas y a hacer muchas cosas buenas. Algunos se destacaron bastante, lo que es digno de mencionar, ya que aunque eran jóvenes y no tenían mucha experiencia se comportaron como hombres. También fueron sensibles a las cosas de Dios y buscaron una relación más íntima con el Señor.

Después de nuestros primeros diecisiete días juntos en esas terribles condiciones de vida, los treinta y tres llegamos a conocernos bastante bien. Las relaciones personales entre la mayoría de los hombres se estrecharon. Aunque algunos de los mineros hablaban poco, conversábamos unos con otros de nuestras vidas de una manera muy profunda, llegando a estar mucho más unidos y trabajando como un solo equipo.

El disfrute de una fiesta ante el Señor

Tal vez no teníamos el ambiente o los instrumentos musicales que uno normalmente ve en una congregación, pero antes de que nos diéramos cuenta, el refugio se había convertido en una iglesia. A setecientos metros bajo tierra estábamos presentes, buscando a Dios con corazones sinceros, unidos en un solo sentir y alabándolo. Y cada día que pasábamos atrapados en la mina disfrutábamos de la presencia del «Minero 34», como le llamábamos. Cada día, Dios nos llenaba de fortaleza y gozo.

> *Antes de que nos diéramos cuenta, el refugio se había convertido en una iglesia.*

¡Imagínese eso! Orábamos y entonábamos alabanzas a Dios aun frente a la muerte, y estoy convencido de que Dios se agradó de nosotros por eso. A diario observábamos cosas extraordinarias. Por ejemplo, uno de los hombres se sentía muy enfermo y su cuerpo se estaba debilitando. Así que lo ungimos en el nombre del Señor y al día siguiente se sintió mucho mejor, estando listo para retomar sus tareas.

También le rogábamos a Dios de continuo que nos quitara el apetito, multiplicara nuestra comida y le añadiera más nutrientes. Dios respondió saciando nuestra hambre. Esto en sí mismo fue un milagro increíble, ya que teníamos muy poco. Los alimentos de que disponíamos habrían durado solo tres o cuatro días si hubiéramos consumido porciones de comidas normales. ¡Sin embargo, nosotros subsistimos con ellos durante diecisiete días!

No fue fácil. Sabíamos por experiencia que podíamos estar en la mina por muchos días más, así que tuvimos que dividir lo poco que teníamos en porciones más pequeñas a fin de que las provisiones duraran más tiempo. Cuando incluso esto comenzó a escasear, empezamos a ayunar —primero por veinticuatro horas, luego por cuarenta y ocho, y finalmente por setenta y dos— a fin de darles tiempo suficiente a los que estaban trabajando desde arriba para rescatarnos.

El ayuno severo produjo algunos conflictos. No obstante, todos entendíamos nuestra situación. Tuvimos que aceptar el hecho de que estábamos en una carrera contra la muerte y necesitábamos ser fuertes y valientes. Además, habíamos acordado organizarnos en un sistema democrático y la opinión de la mayoría era lo que contaba. Nadie daba órdenes. Todas nuestras decisiones las tomábamos en conjunto, respaldados obviamente por la oración. Descubrimos que una democracia respaldada por la oración es un sistema excelente que da muy buenos resultados.

Una democracia respaldada por la oración es un sistema excelente.

Establecimos un horario fijo para las comidas. Cada vez que teníamos programado comer, pedíamos la bendición de Dios sobre nuestros magros recursos. Nos turnábamos para orar y dar gracias por la comida antes de ingerirla. Para algunos de nuestros compañeros de trabajo esto fue toda una novedad. Finalmente, solo nos quedó una lata de atún de unos doscientos gramos.

Cuando estábamos a punto de consumir nuestro último bocado, resolvimos hacerlo de una manera diferente. Decidimos celebrar lo que llamamos «la última cena», aunque era la hora del almuerzo. Salimos del refugio hasta un espacio de la mina que había sido bastante afectado por el derrumbe. Escogimos este lugar debido a que allí circulaba más aire y queríamos encender una fogata y calentar una olla de agua para hacer una comida caliente. Cada hombre colocó entonces su porción de atún en la olla e hicimos un caldo de atún. Si nos hubiéramos comido el atún a secas, cada uno de nosotros habría engullido una media cucharada. Sin embargo, debido a que compartimos nuestras porciones, todos disfrutamos de una taza de «sopa caliente de atún». El caldo nos dio la posibilidad de disfrutar de una comida caliente que pudimos saborear mejor y nos llevó más tiempo consumir.

El delicioso aroma de la sopa al cocinarse nos emocionó a todos. Pensamos que tal vez el humo de la fogata saldría por algún pozo de ventilación que estuviera libre y serviría como una señal para los rescatistas. Más tarde nos dijeron que habían visto el humo, pero que no se les ocurrió que pudiera provenir de nosotros.

Después de haber consumido el caldo, algunos se acostaron a dormir una siesta, tal como si hubieran disfrutado de un buen asado. Yo también me acosté a fin de descansar un rato y ver si podía quedarme dormido, pero no me fue posible. Permanecí despierto. Mientras estaba acostado allí, tuve una visión. Fue una impresión muy vívida de estar luchando contra el enemigo de mi alma. Me encontraba librando una batalla en la que él quería derribarme, pero no podía.

En la visión dos espíritus inmundos me hablaban. El primero trató de infundirme miedo. El otro me dijo: «Llévame». Al reflexionar sobre esto le di gracias al Señor, ya que comprendí que aun los demonios sabían que Dios nos iba a sacar de allí y ellos también querían abandonar el lugar. Glorifiqué a Cristo por esa experiencia. Me levanté y me fui caminando lleno de gozo hacia el refugio. Por medio de esa visión había recibido una confirmación de que pronto estaríamos afuera. Eso para mí fue algo tremendo. No me cansaba de darle las gracias.

> *Dios nos provee de todo mediante la oración y su Espíritu Santo.*

Hasta el día de hoy le agradezco al Señor por esa visión que tuve estando despierto. Puedo afirmar de todo corazón que el Señor es quien nos fortalece. Él es la fuente de toda fortaleza. Dios nos provee de todo mediante la oración y su Espíritu Santo.

¡La sonda llega!

Dios quiere ver un cambio de actitud en las personas. Él desea que dejemos a un lado el orgullo, la arrogancia, la autoestima y la autosuficiencia. Dios quiere que nos mostremos tal como somos, que nos demos cuenta de que no somos otra cosa que un puñado de polvo al cual el Señor le ha dado aliento de vida. Pienso que durante nuestros momentos más desesperados en la mina tocamos el corazón de Dios con nuestra actitud y nuestra fe. Creo que el Señor nos mostró el lugar en donde deberíamos estar, ya que él sabía en qué punto se abriría paso la segunda sonda.

Nuestro gozo fue completo cuando, después de diecisiete días de espera, la segunda sonda finalmente llegó al refugio. Esto fue, y al mismo tiempo no, una sorpresa. Esperamos, escuchamos y observamos en el refugio hasta que supimos que la broca estaba a punto de abrirse paso. Nos preparamos para actuar con rapidez en el momento en que la broca entrara en el lugar donde nos encontrábamos. Las personas en la superficie debían saber que estábamos bien y que el refugio era el sitio en que nos podían hallar.

Cuando la sonda se abrió paso, decidimos advertirles que estábamos allí golpeando primero con un martillo los hierros que conformaban el mecanismo para que retumbaran en el exterior. Cuando los operadores arriba sintieron las vibraciones, detuvieron la máquina. Esto nos dio tiempo para atar los mensajes que habíamos preparado y también pintar la broca de hierro de tal manera que ellos notaran una marca que no era habitual. Tuvimos tiempo más que suficiente para sujetar los mensajes a la sonda y aplicar la pintura.

En mi calidad de minero, sé cuál es el «ecuador» de un túnel, así que cuando me acerqué y observé el punto por donde la sonda había entrado, me alegré mucho. Era justo el lugar por donde el Señor me había mostrado que llegaría. Ahora solo había que esperar a que los hombres de arriba hicieran su trabajo. Era una cuestión de tiempo. El milagro había ocurrido.

El milagro había ocurrido.

¡Después de diecisiete días de estar atrapados a setecientos metros bajo tierra, finalmente habíamos hecho contacto con el mundo exterior! La sonda nos trajo una esperanza renovada. El mundo exterior no nos había abandonado. Sabían que estábamos vivos. Nuestras familias estaban afuera esperando y lo que el Señor me había mostrado empezaba a cumplirse.

Estábamos rebosantes de júbilo. Nuestro gozo era indecible. La celebración allá abajo fue una locura. Sin embargo, no se le comunicó ninguna noticia al país hasta que el presidente de Chile, Sebastián Piñera, llegara a la mina.

De los varios mensajes que enviamos a la superficie ese día, el que se publicó al mundo fue escrito por un compañero de trabajo usando un marcador rojo grueso. Decía: «Estamos bien en el refugio los 33». Así comenzó la comunicación entre nosotros y el mundo exterior, y entre el mundo exterior y nosotros. Debido a la celebración que tenía lugar en ambos extremos del abismo, esa distancia parecía mucho más pequeña.

El mundo entra a nuestro refugio

La llegada de la sonda trajo algunos cambios para nuestro grupo. Pasarían muchos días más antes de que el rescate final tuviera lugar. Ellos sabían que desde el momento en que inicialmente nos hallaron hasta que la cápsula estuviera lista para sacarnos de la mina tendríamos que permanecer muchos días más esperando y siendo pacientes. Por esa razón, la primera prioridad fue fortalecernos y mantenernos en calma.

El primer paso consistió en examinar el área y seleccionar un buen lugar donde hacer una abertura más grande a pocos metros de la primera, de modo que pudieran proveernos comida y agua. Durante los primeros cuatro días nos dieron solo agua con azúcar. Aunque en realidad queríamos cenar un bistec, entendíamos que eso era lo correcto a fin de preparar nuestros cuerpos para recibir alimentos sólidos.

Nos asignaron un grupo de psicólogos que empezaron a tratarnos como si fuéramos niños, no como hombres. Creo que pensaban que no estábamos lúcidos, que nos encontrábamos en muy malas condiciones mentales. Sin embargo, se llevaron una gran sorpresa. Después de apenas unas pocas conversaciones con la gente de afuera, se dieron cuenta de que estábamos cuerdos, razonábamos con claridad y teníamos muy buen ánimo. ¡Nadie podía creerlo! De la única cosa que algunos de nosotros padecíamos era de problemas estomacales, pero mentalmente estábamos todos bien. A la larga tuvieron que cambiar al psicólogo a cargo del equipo, porque ninguno de nosotros quería hablar con él.

También empezamos a comunicarnos con nuestras familias y a intercambiar cartas. Una de las primeras preguntas que le hicimos al mundo exterior fue acerca de los dos compañeros de trabajo que habían salido de la mina poco antes de que colapsara. No sabíamos qué les había sucedido, y pensábamos que a lo mejor habían quedado atrapados cuando ocurrió el derrumbe. Felizmente, habían logrado salir. La noticia de que se encontraban bien fue una preocupación menos para nosotros. Nos alegramos al saber que todos los mineros estaban bien, tanto arriba como abajo.

Después empezaron a enviarnos comida, y también recibimos muchos regalos. Uno de esos regalos fueron Biblias, una para cada uno de los treinta y tres mineros que estábamos allí. Nos sorprendió mucho ver que la Sociedad Bíblica Chilena, la cual nos envió este material, las había hecho grabar con el nombre de cada uno de los mineros junto con el siguiente mensaje: «Los libros buenos tienen que estar en buenas manos». Fue una gran bendición que cada hombre tuviera un ejemplar de la Palabra de Dios para leerlo, permitiéndonos participar más activamente en el estudio bíblico que realizábamos durante nuestras reuniones de oración. También recibimos una grabación en audio de la Biblia, teatralizada, para cada uno de los que nos encontrábamos allí. De esa forma la Palabra era más fácil de comprender y a los muchachos les agradaba mucho.

Fue una gran bendición que cada hombre tuviera un ejemplar de la Palabra de Dios.

Sin embargo, también empezamos a recibir una variedad de artículos religiosos que las personas deseaban que frotáramos en las paredes del refugio, ya que pensaban que allí había ocurrido un milagro y que el poder de ese lugar sería transferido a los artículos. ¡Cuánta ignorancia! Las Escrituras dicen claramente: «No te hagas ningún ídolo, ni nada que guarde semejanza con lo que hay arriba en el cielo, ni con lo que hay abajo en la tierra, ni con lo que hay en las aguas debajo de la tierra» (Éxodo 20:4). Sí, es verdad que un milagro tuvo lugar allá abajo, pero se debió a que un grupo de hombres clamaron al Señor y se humillaron delante de Dios. Y él en su gran misericordia respondió a sus oraciones.

Además ingresaron a la mina algunas otras cosas que nunca deberíamos haber recibido. La gente nos envió revistas pornográficas y material de lectura lleno de chistes sucios. Pensaban que estas cosas serían buenas y ayudarían a los hombres a mantenerse contentos. No obstante, ninguno de nosotros las habíamos pedido, y no eran buenas. Definitivamente corrompieron la atmósfera. Por desdicha, tales cosas representan la felicidad hueca que el mundo ofrece.

Siempre que miro hacia atrás y pienso en esos días difíciles que atravesamos, me asombra el milagro que Dios realizó. Uno de los ingenieros que estaba a cargo del rescate más tarde comentó que la segunda sonda que finalmente nos alcanzó se había salido de su ruta, una desviación para la cual no hay explicación técnica. Esto me recuerda que solo Dios tiene el poder para haber cambiado su trayectoria. Nunca antes una sonda se había desviado de esa manera. Ahí radicaba el milagro. Si se hubiera alejado tan solo uno o dos metros a un lado, nos hubiera pasado de largo de nuevo. En cambió, la segunda sonda llegó al vértice, justo al «ecuador». Entró exactamente por donde debía. Dios lo hace todo a la perfección.

Sí, recuerdo la adversidad y el aislamiento. Recuerdo la tristeza que nos abrumó cuando la primera sonda nos pasó de largo. También me acuerdo del día en que se nos acabó la comida, y cómo oramos que el Señor multiplicara la última ración y nos proveyera. ¡Cuán rápido contestó Dios nuestra oración! Después que la segunda sonda llegó, la caja de comida nunca estuvo vacía de nuevo. Los tiempos de oración en nuestro refugio subterráneo nos mantuvieron unidos y confiados. Sin embargo, Dios merece todo el crédito por salvarnos. Él nos mantuvo bien en el refugio.

Dios merece todo el crédito por salvarnos.

CAPÍTULO 8

La salvación se acerca

Una de las lecciones más duras que aprendimos en las profundidades de la mina fue a tener paciencia. Aunque me consideraba paciente y había tenido la experiencia de trabajar junto a personas de diferentes clases, aprendí no solo a tolerar a otros, sino también a aceptarlos tal como son. Sé y entiendo personalmente lo difícil que es llevarse bien con los demás, y en especial aceptar a otras personas con las que uno tiene diferencias. En una ocasión en la mina El Indio, otro minero había dicho acerca de mí: «Llamemos al evangélico para reírnos un poco». Puede ser un reto trabajar con diferentes clases de personalidades, conversar con respeto y aceptación, buscando la reconciliación.

Teníamos mucho trabajo que hacer en preparación para nuestro rescate, lo que proveyó muchas oportunidades en las que necesitamos demostrar paciencia, sabiduría y comprensión. Para empezar, los psicólogos y el personal que se encontraba en el exterior nos enviaban instrucciones en cuanto a cómo debíamos organizarnos dentro de la mina. Finalmente les dijimos que las cosas no funcionarían de esa manera, así que lo haríamos a nuestro modo.

Lo que decidimos fue organizarnos en tres grupos, cada uno con once hombres, a fin de poder cubrir la tarea de descargar las provisiones que llegaban desde afuera las veinticuatro horas del día. El espacio por donde descendían los artículos que nos enviaban era muy reducido, siendo necesario ordenarlos al recibirlos y en algunos casos hasta volver a armarlos, como por ejemplo los camarotes para descansar. Cada uno tenía una tarea asignada, y como todos demostrábamos muy buena disposición, buen ánimo y una esperanza renovada, el ambiente era muy bueno.

Una de las primeras tareas fue quitar los escombros de nuestro extremo del nuevo túnel que estaban taladrando a fin de que la cápsula de rescate pudiera descender de forma segura y en línea recta. El jefe de turno que se encontraba con nosotros jugó una papel fundamental en esto, ya que es topógrafo, de modo que él junto con el capataz tomaron las medidas y les enviaron los puntos de referencia a los ingenieros que estaban en el campamento exterior para que no perforaran a ciegas.

Durante esta nueva etapa de espera nos esforzamos por ser pacientes con respecto a la distribución de los alimentos, lo cual a veces resultó un motivo de preocupación. Aunque recibíamos suficiente comida, había que distribuirlo todo de una manera equitativa a fin de «mantener la paz» y asegurarse de que cada hombre recibiera su porción designada de alimentos. Lo mismo fue cierto en cuanto a la raciones de agua. Finalmente, la caja empezó a llenarse de comida, agua embotellada e incluso postres.

Vida entre dos mundos

Durante las semanas de espera, dormí poco y tomé mucho café para mantenerme despierto. Debido a todas mis responsabilidades de trabajo, el tiempo empleado para preparar los mensajes, las reuniones de oración y otras tareas, a menudo mi horario se trastornaba. Incluso ahora, después de tanto tiempo, mi sueño todavía sigue alterado.

Cuando me encontraba cumpliendo las tareas que se me habían asignado, desempeñando alguna otra actividad o descansando, mi ayudante, «Timoteo», ocupaba mi lugar. Sin embargo, mi mayor preocupación era empezar puntualmente las reuniones de oración al mediodía y a las seis de la tarde. Sabía que si no estaba allí, a lo mejor el tiempo de oración se suspendía o alguna otra confusión o desorden podía producirse. Por esta razón, convinimos en detener todo al mediodía, sin que importara lo que pudiéramos estar haciendo, a fin de reunirnos para orar antes de que cada uno volviera a sus tareas. También aprovechamos nuestra nueva comunicación con el mundo exterior para organizar una cadena de oración con los cristianos del campamento que estaban a cargo de nuestro rescate.

> *Mi mayor preocupación era empezar puntualmente las reuniones de oración.*

Aunque nuestra comunicación con el exterior trajo muchas ventajas, también resultó difícil. A diferencia de otros, vacilé en cuanto a comunicarme con mi esposa e hijas, porque sabía que eso afectaría grandemente mis emociones. Ni siquiera quería que estuvieran afuera en el campamento esperando que yo saliera. No obstante, como son adultas, tomaron sus propias decisiones. Luego supe que permanecieron en el campamento desde el primer día. También se encontraban allí mis sobrinos, hermanos, cuñados y el resto de la familia.

Mi primer contacto por videoconferencia fue con una de mis hijas. No fue fácil hablar, pero resultó muy emocionante. Durante nuestra conversación pude ver el sol brillando en el cielo en la imagen del vídeo. Ese pequeño vislumbre del cielo azul me hizo querer que se apresuraran a fin de salir lo más pronto posible. Sin embargo, tenía que contentarme y esperar con paciencia. Descubrí que escribir cartas era la manera más cómoda de expresarme y comunicarme con mi familia.

Un llamado a la salvación

Los rescatistas empezaron a hacer un progreso significativo, taladrando la roca de día y de noche. No era fácil vivir con el ruido constante, y un día hasta quedamos cubiertos por una gran nube de polvo. Con todo, no nos quejamos. La única alternativa hubiera sido que los rescatistas dejaran de taladrar, así que preferimos resistir hasta el final.

Durante semanas habíamos predicado fielmente la Palabra, plantando la semilla de la fe.

Cuando me di cuenta de que faltaba poco para que saliéramos, sentí que debía hacer un llamado a aceptar al Señor durante el tiempo de oración. Durante semanas habíamos predicado fielmente la Palabra, plantando la semilla de la fe. Habíamos presenciado todo lo que Dios había hecho por nosotros. Habíamos orado por los enfermos, e incluso por algunas peticiones que recibimos desde afuera. Nuestras reuniones no eran solo momentos de oración, sino cultos completos. Los jóvenes continuaron entusiastas en cuanto a las actividades espirituales. Se animaron a orar y hasta cantaban. Ellos se encargaban de repartir las carpetas que nos enviaron con la letra de los cantos que entonábamos. Cantábamos mucho los conocidos himnos «Firmes y adelante» y «Yo vivo, Señor, porque tú vives».

Ahora todo lo que restaba era dar el paso de fe y que aceptaran en sus corazones que Dios había estado con ellos todo el tiempo. Esto es algo que podía haber hecho por mí mismo, como en cualquiera de las reuniones anteriores, pero pensé que sería bueno que un pastor local participara del acontecimiento por videoconferencia. Yo les había ayudado a creer en Dios y a atravesar esos días difíciles con fe y esperanza, pero necesitaba asegurarme de que alguien continuara la tarea después que saliéramos de la mina. Estaba pensando en el crecimiento espiritual y el discipulado necesario de mis compañeros luego de que fuéramos rescatados. Así que llamé a un pastor de Copiapó, ya que era la ciudad más cercana y donde la mayoría de los mineros vivía. Él podría darles seguimiento a los hombres después que todos hubiéramos salido.

Veintidós de los treinta y tres mineros atrapados en lo profundo de la mina hicieron un compromiso con el Señor.

El domingo, durante la reunión de oración del mediodía, el pastor dijo unas pocas palabras y entonamos unos cantos de alabanza. Entonces él elevó una oración que incluía el llamado a la salvación. Veintidós de los treinta y tres mineros atrapados en lo profundo de la mina hicieron un compromiso con el Señor y dijeron: «Sí, recibo a Cristo». Glorifico a Dios por la vida de este siervo que sirvió como representante del Señor mientras Cristo recibía a mis compañeros y escribía sus nombres en el libro de la vida.

Hoy puedo afirmar que durante esos días dentro de la mina, cuando nos encontrábamos atrapados por aquellas gigantescas rocas que nos mantenían a setecientos metros bajo tierra, el momento más glorioso que experimenté fue cuando veintidós de los treinta y tres mineros recibieron a Cristo como su Salvador personal. Quisiera que todos recibieran al Señor sin tener que esperar que vinieran las dificultades y adversidades. No todos tenemos que estar a setecientos metros bajo tierra y atrapados durante diecisiete días para tener una experiencia con Dios. No obstante, a veces somos tan duros de corazón que solo cuando enfrentamos circunstancias difíciles alzamos la vista al cielo y hallamos la verdadera salvación.

CAPÍTULO

¡Gracias, Señor!

En los días finales antes de que llegara la cápsula, el equipo externo nos comunicó una idea que había sugerido un misionero que trabajaba con un ministerio mundial ayudando a los jóvenes. Él explicó que sería extraordinario si cada uno de los mineros saliera de la mina llevando una camisa que dijera: «¡Gracias, Señor!». Considerando que las cámaras de televisión de todo el mundo estarían grabando todos los detalles de lo que sucediera en esos momentos, esa sería una oportunidad única para decirle al mundo que los hombres que estuvieron atrapados dentro de la mina habían tenido un encuentro personal con Dios. Sería una manera de mostrarle nuestra gratitud al Señor y hacerle saber a todo el planeta que Dios responde las oraciones de los que claman a él.

Dios responde las oraciones de los que claman a él.

Antes de aceptar esta propuesta, hablé con mis compañeros, ya que todas nuestras decisiones se tomaban de manera democrática. Abordé el asunto en una de nuestras reuniones de oración al mediodía, explicándoles que si aceptábamos la sugerencia, esta sería una manera práctica de proclamar al Señor. Además, si nos poníamos esas camisetas, ni siquiera tendríamos que abrir la boca. La leyenda estampada diría: «¡Gracias, Señor!», en español e inglés. En la espalda de la camiseta se leería el versículo bíblico que dice: «Porque en su mano están las profundidades de la tierra, y las alturas de los montes son suyas» (Salmo 95:4, RVR-1960).

Más adelante en esa reunión leímos todo el Salmo:

Venid, aclamemos alegremente a Jehová;

Cantemos con júbilo a la roca de nuestra salvación.

Lleguemos ante su presencia con alabanza;
Aclamémosle con cánticos.

Porque Jehová es Dios grande,
Y Rey grande sobre todos los dioses.

Porque en su mano están las profundidades de la tierra,
Y las alturas de los montes son suyas.

Suyo también el mar, pues él lo hizo;
Y sus manos formaron la tierra seca.

Venid, adoremos y postrémonos;
Arrodillémonos delante de Jehová nuestro Hacedor.

Porque él es nuestro Dios;
Nosotros el pueblo de su prado, y ovejas de su mano.
Si oyereis hoy su voz,

No endurezcáis vuestro corazón, como en Meriba,
Como en el día de Masah en el desierto,

Donde me tentaron vuestros padres,
Me probaron, y vieron mis obras.

Cuarenta años estuve disgustado con la nación,
Y dije: Pueblo es que divaga de corazón,
Y no han conocido mis caminos.

Por tanto, juré en mi furor
Que no entrarían en mi reposo.

No hubo ningún tipo de conflicto en el grupo para aceptar la idea. De modo que a los pocos días nos enviaron las camisetas. En un primer momento pensé en no entregarlas de inmediato, sino en dárselas a los hombres uno a uno al momento de salir. Sin embargo, también sabía que eran personas de palabra y cumplirían la promesa que habían hecho. La verdad es que no todos se pusieron su camiseta antes de subir a la cápsula, ya que algunos la habían enviado antes con sus cosas, pero fueron los menos. Con todo, lo importante es que el mundo vio, leyó y opinó sobre las camisetas.

13 de octubre del 2010

Conforme las horas pasaban y el momento del rescate se acercaba, nuestras expectativas aumentaban. Los hombres se ponían cada vez más ansiosos en cuanto a salir. Durante varios días nos preguntamos si el túnel que habían perforado tendría suficiente amplitud para llevarnos a la superficie. Sin embargo, la Palabra de Dios dice: «La fe es la garantía de lo que se espera, la certeza de lo que no se ve» (Hebreos 11:1). Decidimos confiar en que Dios proveería una manera para sacarnos de allí. Entendíamos perfectamente que lo que es imposible para el hombre es posible para Dios. Estaba seguro de que incluso si resultara imposible para los hombres sacarnos de la mina, Dios haría lo que fuera necesario para encontrar un modo de lograrlo.

> *Lo que es imposible para el hombre es posible para Dios.*

Cuando finalmente la cápsula apareció, sentí mucha alegría al presenciar la respuesta del Señor. De inmediato el primer rescatista salió de la cápsula, primero nos saludó, y después comenzó a organizarnos e indicarnos cómo funcionaría la operación de salida.

Los responsables de la operación de rescate decidieron dividirnos en tres grupos: los cinco más hábiles irían en primer lugar, luego los once más débiles y por último los diecisiete más fuertes.

De acuerdo a la lista provista por el gobierno y los familiares, el orden sería:

1. Florencio Ávalos, 31.
2. Mario Sepúlveda, 39.
3. Juan Illanes, 52.
4. Carlos Mamani, 23.
5. Jimmy Sánchez, 19.
6. Osmán Araya, 30.
7. José Ojeda, 46.

8. Claudio Yáñez, 34.

9. Mario Gómez, 63.

10. Álex Vega, 31.

11. Jorge Galleguillos, 56.

12. Edison Peña, 34.

13. Carlos Barrios, 27.

14. Víctor Zamora, 33.

15. Víctor Segovia Rojas, 48.

16. Daniel Herrera, 37.

17. Omar Reygadas, 56.

18. Esteban Rojas, 44.

19. Pablo Rojas, 45.

20. Darío Segovia, 48.

21. Yonni Barrios, 50.

22. Samuel Ávalos, 43.

23. Carlos Bugueño, 27.

24. José Henríquez, 54.

25. Renán Ávalos, 29.

26. Claudio Acuña, 44.

27. Franklin Lobos, 53.

28. Richard Villarroel, 23.

29. Juan Aguilar, 46.
30. Raúl Bustos, 40.
31. Pedro Cortez, 24.
32. Ariel Ticona, 29.
33. Luis Urzúa, 54.

Finalmente, todo estuvo listo para nuestra partida. Un rescatista nos explicó cada paso del proceso y lo que sucedería. Antes de introducirnos en la cabina de la cápsula Fénix II, teníamos que ponernos un casco con audífonos y un micrófono inalámbrico, lentes para filtrar la luz exterior, un cinturón biométrico, un traje térmico a prueba de fuego, e incluso un vendaje de compresión para evitar la trombosis en los músculos de las piernas. La cápsula tenía un sistema complejo de comunicaciones y estaba pintada con los colores de la bandera chilena: blanco, azul y rojo.

Luego de haber convivido sesenta y nueve días con el grupo, pude determinar diferentes tipos de liderazgo. Algunos dirigían al colectivo desde el punto de vista técnico, otros resultaron ser líderes naturales. En mi caso, el Señor me otorgó el privilegio de ejercer el liderazgo espiritual del grupo. Y así fue hasta el último momento. Antes de salir, me dirigí al grupo diciéndole: «Dios ha respondido nuestra oración, de modo que nadie sale de aquí si no oramos antes, dándole gracias al Señor y bendiciendo este trabajo». Entonces estuvimos orando durante algunos momentos y le pedimos a Dios la protección de sus ángeles, y así sucedió. Dos de los rescatistas que bajaron para ayudarnos eran también cristianos y se unieron a nosotros en la oración.

Al fin, uno por uno, empezamos a salir. Después de pasar tanto tiempo juntos, empezamos a sentir algo de soledad al observar que nuestros compañeros se iban. Sin embargo, somos personas que están acostumbradas a permanecer a solas. Lo importante era que todo estaba funcionando de la forma apropiada.

A las 5:59 de la tarde, ocupando el lugar veinticuatro, salí a la superficie a bordo de la cápsula Fénix II. Me sentía muy contento, en paz, regocijándome en el Señor. El viaje duró nueve minutos, y durante todo el recorrido glorifiqué a Dios y le di gracias.

Cuando alcancé la superficie, todos gritaban porque yo no decía nada. La mayoría de los hombres, al llegar al exterior, habían empezado a gritar eufóricamente. Sin embargo, yo llegué calmado y feliz. El Señor había respondido a nuestra oración y el plan de rescate marchaba tal como estaba diseñado. Le di gracias a Dios por eso y prometí servirle por el resto de mi vida.

El Señor había respondido a nuestra oración y el plan de rescate marchaba tal como estaba diseñado.

CAPÍTULO 10

De regreso al mundo

Después de haber estado algo más de dos meses atrapados en las profundidades, a setecientos metros bajo tierra, con mis treinta y tres compañeros, nuestra experiencia tuvo un final feliz. El rescate resultó todo un éxito. Los técnicos y rescatistas trabajaron las veinticuatro horas del día para lograr este milagro chileno. Al principio habían calculado que tardarían cuarenta y ocho horas en sacarnos uno a uno a bordo de la cápsula Fénix II, pero la operación final de rescate llevó menos de veinticuatro horas.

La operación final de rescate llevó menos de veinticuatro horas.

La Televisión Nacional de Chile (TVN) trasmitió las imágenes de nuestra salida del túnel. Después que llegamos a la superficie y salimos de la cápsula, a cada hombre lo recibieron sus familiares y algunos dignatarios, que incluyeron al ministro de minería, Laurence Golborne, y al presidente de Chile, Sebastián Piñera. Después de ver al presidente de mi país, los ministros y todos los que estaban allí trabajando para rescatarnos, me abrumaron muchas emociones. Ellos eran parte del equipo que Dios usó para sacarnos de la mina. Estoy agradecido por cada uno de estos hombres que lograron todas estas cosas con buena voluntad y mucho esfuerzo.

He estado casado por muchos años con Blanca Hettiz, y en el momento del accidente habíamos disfrutado de treinta y tres años de matrimonio. Así que verla de nuevo después de todo lo que había atravesado fue una experiencia muy conmovedora. Se trató de un momento lleno de ternura y amor. Muchos me consideran un hombre muy extrovertido y cariñoso, así que cuando vi a mis hijas les di un abrazo muy fuerte. Todos saben que mi corazón está lleno de gratitud.

Después de salir de la cápsula y saludar a los que nos daban la bienvenida, teníamos que completar un cierto protocolo. Había determinados requisitos de seguridad que era necesario cumplir sin que importara nuestra condición física. Así que a cada uno nos colocaron en una camilla y nos llevaron en ambulancia hasta un hospital cercano, donde pasamos los dos días siguientes sometiéndonos a un examen físico completo. Dormí una noche en el centro médico y al día siguiente por la tarde regresé al campamento para buscar mis efectos personales, que todavía estaban en un casillero.

Fue muy importante que volviera allá. Pude conocer a algunas de las personas y ver la pequeña ciudadela que se había edificado en el lugar. También me fue posible tener una mejor idea de cómo habían planeado toda la operación de rescate, presenciando de primera mano el hecho de que el amor de las personas puede mover montañas y lograr que los hombres hagan cosas sin precedentes. A menudo resulta cierto que tragedias tales como esta hacen que los seres humanos se unan.

A menudo resulta cierto que tragedias tales como esta hacen que los seres humanos se unan.

Más tarde me enteré de que Dios también tenía a su gente en el campamento trabajando para llevar adelante su obra. Hombres que predicaban el evangelio y daban palabras de aliento. Hubo incluso muchas personas que recibieron al Señor. Dios busca maneras de cumplir su propósito y para eso necesita personas que estén conscientes del amor que él siente por ellas. De todos los accidentes mineros que han ocurrido, este resultó ser algo especial. Dios nos escogió.

Los ojos del mundo

La Televisión Nacional de Chile (TVN) calculó que alrededor de mil millones de televidentes siguieron el episodio del rescate. Personas de todo el mundo, incluyendo a algunos jefes de estado, tenían sus ojos puestos en este lugar remoto de Chile. Desde que se anunció que estábamos vivos, millones de personas de todo el planeta siguieron los detalles de la operación de rescate paso a paso. Más de dos mil reporteros internacionales, de lugares tan distantes como China y Turquía, llegaron al yacimiento para cubrir las noticias. Esto abrumó a los representantes de los medios de comunicación estacionados en la mina, que se quedaron cortos con las credenciales. La trasmisión apareció en las pantallas de televisión de Nueva York, Sidney, Londres y Tokio.

De acuerdo a los reportajes, las trasmisiones de la BBC a menudo superponían en la parte inferior de la pantalla una lista actualizada de titulares en cuanto a la operación de rescate que tenía lugar en Chile, donde los familiares de los mineros y otros funcionarios chilenos esperaban la llegada de los mineros como si fueran héroes nacionales. Algo similar ocurrió en Japón, donde reportajes en vivo de la operación de rescate también se trasmitieron por televisión. En Australia, los reporteros de la televisión y la radio presentaron una cobertura completa de la operación de salvamento.

Incluso el presidente de los Estados Unidos de América, Barack Obama, declaró a la prensa en Washington, D.C. que estaba siguiendo el episodio de los mineros chilenos. Él afirmó en un boletín de prensa publicado tanto en inglés como en español: «Nuestros pensamientos y oraciones están con los valientes mineros, sus familias y los hombres y mujeres que han estado trabajando tan duro para rescatarlos». Univisión, una cadena de televisión en español en los Estados Unidos, también presentó trasmisiones en vivo juntamente con información en su sitio web.

Hugo Chávez, presidente de Venezuela, y Evo Morales, presidente de Bolivia, quien estuvo presente debido a que uno de los mineros era boliviano, también llegaron al sitio para expresarles sus buenos deseos a los miembros del equipo de rescate y los mineros.

Los cinco continentes se habían unido en oración y ayuno por nosotros.

Sin embargo, para mí lo más importante fue saber que los cinco continentes se habían unido en oración y ayuno por nosotros. Cientos de reuniones, cadenas y vigilias de oración se realizaron para elevar plegarias a nuestro favor. El mundo entero, no solo los adultos, sino también los niños, presenciaron la operación de rescate. En todo lugar que visité después del accidente me enteré de que los niños habían sido los primeros en orar por los mineros. ¿Cómo podría Dios dejar de contestar si todo un país estaba orando por nosotros? Con certeza, el clamor que se escuchaba bajo la tierra se multiplicaba arriba.

Los ojos de Dios sobre mi familia

Mi familia también fue parte de esta experiencia. Mientras yo estaba atrapado abajo, me mantuve en contacto con mis hijas y mi esposa. Ellas me informaban acerca de lo que sucedía afuera. En varias ocasiones les di instrucciones en mis cartas sobre lo que debían hacer. Les pedí que no se involucraran en ciertas cosas que en realidad no les incumbían y se mantuvieran lejos de todo lo que pudiera significar desórdenes. Deseaba que no se expusieran a los problemas y mantuvieran la calma, participando en el servicio que se estaba celebrando en la superficie y alabando a Dios.

Me preocupaba por la seguridad de mi familia, pero Dios estaba cuidándolas a ellas tanto como estaba cuidándome a mí bajo tierra. Cuando ocurren accidentes serios en una mina, todos los mineros saben lo que eso significa y siempre tratan de ayudarse unos a otros. Una vez que mis buenos amigos de la mina El Teniente, que es como un segundo hogar para mí, recibieron la noticia de que estaba sepultado en la mina San José, se quedaron aturdidos. Ellos hicieron una colecta a fin de ayudar a mi familia. Al tener conocimiento de su ayuda, quedé muy conmovido.

También me enteré de que mi buen amigo de la infancia, Carlos, a quien no había visto en muchos años, supo que yo me encontraba atrapado en el accidente minero en San José. Yo no lo sabía, pero él había ascendido al rango de coronel de los carabineros, la fuerza nacional de la policía de Chile. Sin que yo lo supiera, el cuidó de mi familia todo el tiempo que estuve atrapado la mina. Destinó guardias a fin de que cuidaran a mis hijas todo el tiempo. Esta fue otra señal para mí de cómo Dios protege a los suyos en todo momento.

> *Siempre es maravilloso ver cómo Dios hace que todo obre para el bien de sus hijos.*

Siempre es maravilloso ver cómo Dios hace que todo obre para el bien de sus hijos. La mente humana no puede comprenderlo, pero si meditamos en esta promesa, concluiremos que todo sucede de acuerdo al plan de Dios. Conocía las muchas promesas que se encuentran en la Palabra de Dios, las cuales están disponibles para todos aquellos que creen y se apropian de su protección, tanto para sí mismos como para sus familias. Siempre había creído en ellas, y pude verificar esta verdad de primera mano al volver al mundo exterior.

Al detenerme a reflexionar, me percato de que he vivido en la misma casa por muchos años y no hubo ninguna señal de daño en ella después del terremoto que estremeció a la ciudad, aunque estuvimos cerca del epicentro de aquel desastre natural. Así que, ¿cómo no sentirme agradecido con Dios? ¿Cómo no creer en su protección? He creído en esta promesa y siempre lo haré. En esta ocasión pude ver cómo Dios proveyó una manera para que mi familia llegara al campamento en la región de Atacama, en Chile, cerca de la ciudad de Caldera. Ese lugar está como a mil kilómetros de Talca, la ciudad donde vivimos,

Esta es la primera señal de que los mineros estaban vivos. Será expuesta en el Museo Regional de Atacama, en Copiapó, Chile.

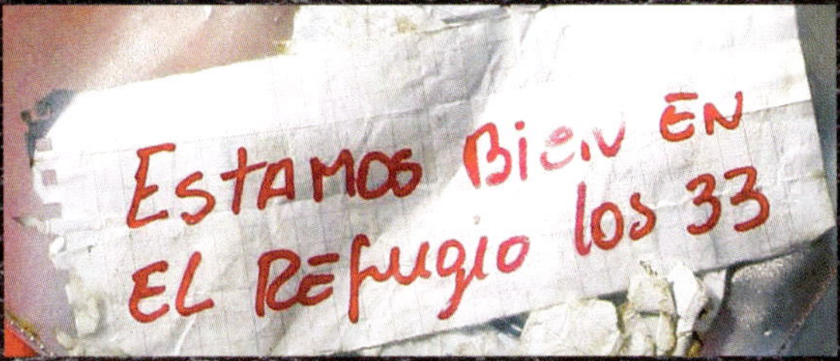

En la mina, a 700 metros bajo tierra, durante tareas especiales.

Nos comunicábamos con nuestras familias a través de video. Era emocionante verlos a todos, y saber que estaban bien.

Mi nieta Catita esperando mi salida en el Campamento Esperanza.

Mi esposa Blanca Hettiz sosteniendo la bandera de Chile con mi nombre escrito y la firma de mis amigos y familiares.

El frente de la camiseta que asombró al mundo y manifestó nuestro agradecimiento a Dios públicamente.

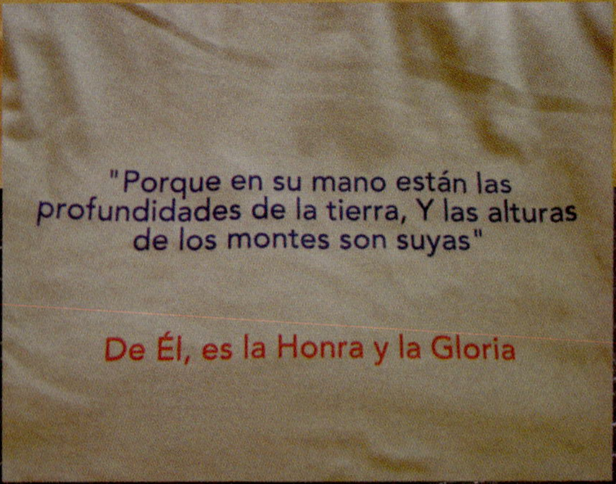

Algunos miembros del cuerpo de rescate trabajando en la mina.

Vista panorámica de la Mina San José. Las carpas eran el Campamento Esperanza.

Cápsula Fénix 2 usada para nuestro rescate.
September 25, 2010.

ARIEL MARINKOVIC/AFP/Getty Images

Mis primeros pasos al culminar mi exitoso rescate.

JUAN MABROMATA/AFP/Getty Images

Photographer/Artist: AFP/Getty Images

Mi salida de la cápsula Fénix 2 luego de 69 días atrapados en la mina. El Presidente Piñera aplaude sonriente el rescate número 24.

El saludo cordial y emocionado del presidente Sebastián Piñera al salir de la cápsula que nos trasladó hacia el exterior.

Photographer/Artist: AFP/Getty Images

Al igual que el resto de los mineros, tuvimos que acostarnos en una camilla y ser trasladados al hospital de Copiapó para los controles físicos.

Las lágrimas de mi hermosa nieta Catita y
mi esposa Blanca Hettiz.

El reencuentro con mis hijas Hettiz y Karen, luego de que los médicos finalizaron con los controles correspondientes.

Con mi esposa, una de mis hijas y mi nieta.

Photographer/Artist: STR/Getty Images)

Mi visita a la mina días después del rescate.

Un abrazo amistoso me unió con el Presidente chileno
luego de tantos días de esperanza y trabajo.

En el Parlamento chileno junto al resto
de mis compañeros mineros.

Presentando mi testimonio junto al pastor Alfred Cooper.

Con el Decano de la Catedral de Durham en Inglaterra.

José con el pastor Cooper, afirmando que SOLO DIOS era nuestra única alternativa.

El presidente de los Estados Unidos de América, Barack Obama, pronunciando unas palabras en el Desayuno de Oración Nacional el 3 de febrero del 2011.

José con el presidente Barack Obama y el pastor Cooper

Decidimos regresar a la Mina con la familia luego de lo ocurrido. Juntos volvimos a dar Gracias a Dios.

pero muchos demostraron su solidaridad y contribuyeron con su ayuda.

De modo que, para mí, todo esto ha sido una bendición. Incluso más importante, mi esposa y mis hijas, que no estaban plenamente consagradas y participando en las actividades de la iglesia, se han acercado mucho más a Dios. Mirando hacia atrás, al día final del rescate, puedo ver en los vídeos de los sucesos a mi esposa, Blanca Hettiz, con sus manos levantadas al cielo y dándole gloria a Dios por habernos sacado de aquel lugar. Eso fue muy significativo para mí. Además, el Señor ha sido glorificado en medio de esta catástrofe y muchos han llegado a conocerle.

Dios hizo todo posible

Cuando recién salí de la mina, uno de los encuentros más inolvidables fue con el señor presidente de Chile, quien luego de felicitarme me abrazó y me dijo:

—Gracias, José, porque mantuviste al grupo unido.

—Déle las gracias a Dios —respondí—, porque él es el que estuvo con nosotros todo el tiempo.

—¡Ah! ¿Sí? —indicó él.

—Sí, por cierto que así fue —agregué.

Y esa es la verdad. Yo solo soy un instrumento para que Dios lo use. Soy un obrero, un trabajador responsable que un día recibió al Señor y obedeció la Palabra. Desde la niñez he visto los milagros y maravillas de

> *Hice lo que cualquier cristiano hubiera hecho: Clamar a Dios y demostrar mi fe de una forma positiva.*

Dios. Así que hice lo que cualquier cristiano hubiera hecho: Clamar a Dios y demostrar mi fe de una forma positiva. De modo que no deben agradecerme a mí, sino al Señor. Él es el que estuvo a cargo de todo allá abajo.

CAPÍTULO 11

Testigo ocular del poder de Dios

Cualquiera pensaría que después de arreglármelas para salir de allí vivo, el episodio terminaría. Por lo general, así es como concluiría una película. Se había conseguido nuestro objetivo, se había alcanzado la meta, y ahora habíamos llegado al final. Pensé que después de salir del hospital, simplemente volvería a casa y a la rutina de la vida diaria que teníamos antes del accidente.

Esas eran mis intenciones, mis expectativas, pero no fue lo que sucedió. Nunca pensé que todo lo que vivimos más tarde sería tan importante y ejercería un impacto tan profundo. Sin embargo, una nueva historia había comenzado y yo tenía un papel en ella. Me di cuenta de esto por primera vez en Copiapó, donde conocí a algunas personas con las que nunca me imaginé entrar en contacto.

Jamás podría haberme imaginado que el Señor me usaría, enviándome a otros países y otros continentes. Soy un simple obrero al que se le dio la responsabilidad del evangelio. Soy un testigo ocular del poder de Dios. He tratado de serle fiel y creo que Dios me ha bendecido, honrado y ha contestado mis oraciones. Muchos han expresado su incredulidad, pero eso no le quita relevancia a todo lo que en realidad nos sucedió. Dios obró en nuestra situación. Oyó nuestros clamores y respondió nuestra oración. Eso es lo más importante de esta experiencia.

> *Soy un testigo ocular del poder de Dios.*

He estado enfermo en varias ocasiones, y también he sufrido otros cuantos terribles accidentes. No obstante, en todas estas situaciones he visto el poder de Dios obrando. Además de las promesas que están escritas en la Palabra de Dios, conozco de manera personal que Cristo es poderoso, así que cada vez que me detengo para hablar con alguien y digo: «Cristo sana» o «Cristo salva», se debe a que he experimentado esta verdad en mi propia vida. Ahora puedo testificar con mayor seguridad que antes, aunque Dios es quien toma las decisiones finales con respecto a las personas.

En mi caso, me entregué al Señor y fui ungido para dar mi testimonio, pero nunca me imaginé que Dios me usaría para guiar a mis compañeros de trabajo a los pies de Cristo. Yo era simplemente un músico que tocaba el acordeón. Nunca pensé que Dios me llamaría a fin de cumplir un propósito tan glorioso: Ser un vocero a las naciones en el nombre de Jesús.

Una unción inesperada

En una reunión con el presidente de Chile y sus ministros, ellos nos explicaron en cuanto a todas las cosas que habían sido donadas y bosquejaron todas las posibilidades y aspectos que habían considerado al organizar la operación de rescate. Al proyecto se le llamó «Jonás». Escuchamos al presidente hablando de Jonás, el personaje bíblico. Durante esa reunión no dije nada. Un compañero, habló por mí. Él les expresó nuestra gratitud a todos los presentes, incluyendo al presidente, los cuales escucharon con atención y parecieron sorprenderse por su declaración.

Esa misma tarde me reuní con el capellán del palacio presidencial de Chile, el pastor Alfred Cooper. Él se presentó y me pidió mi opinión con respecto a lo que el presidente nos había dicho sobre la operación de rescate. Respondí que todo me parecía bien, pero que había un detalle que necesitaba aclaración. Teníamos que «darle el honor y la gloria al que le dio la orden al pez para que liberara a Jonás». Las personas parecían alabarse a sí mismas por todo lo que habían hecho, pero faltaba lo principal.

En esa reunión ocurrió algo muy importante. El pastor Cooper me preguntó si podía orar por mí. Luego añadió:

—¿Qué pensaría, José, si en este momento lo unjo?

—Pastor, para recibir bendiciones estoy—respondí.

No hay palabras para describir el momento en que él me impuso las manos y declaró:

—Eres un vocero a las naciones en el nombre de Jesús.

> *Eres un vocero a las naciones en el nombre de Jesús.*

En ese instante sentí que la presencia de Dios me ungía. El pastor aplaudió mi fe, diciéndome que Dios había abierto la puerta y muchas bendiciones me esperaban. Más tarde entendí lo que él trataba de decirme. Todos creíamos que habíamos llegado al final de nuestra experiencia, pero la verdad es que algo nuevo se iniciaba en nuestras vidas, otra etapa.

Es increíble cómo Dios misteriosamente planea las cosas y tiene una visión completa de lo que va a ocurrir. Él ve todo acontecimiento antes de que suceda, mientras está sucediendo y también después. Dios lo planea todo y conoce de antemano los resultados. Él sabe todo lo que va a acontecer. Como la Biblia afirma, Dios sorprende al sabio con su sabiduría. Una puerta se estaba abriendo y necesitábamos aprovechar la oportunidad a fin de proclamar que en todos estos sucesos hubo un protagonista, un héroe, su nombre es Jesucristo.

Mi vida tiene propósito

Fui educado primero por mi abuelo, luego por mis padres y más tarde por todo el entorno de mi iglesia para servir a Dios. Hubo líderes que ministraron en mi vida y me moldearon. Mientras estaba dentro de la mina, pospuse mis propios intereses y me puse en las manos de Dios a fin de servir a mis compañeros usando lo que él había puesto a mi disposición. Todo eso era parte del plan de Dios para mi vida, un plan que empezó a desarrollarse desde el momento en que nací y que fue confirmado el día en que recibí al Señor Jesucristo en mi corazón.

Cuando alguien recibe a Cristo, desea contarle a los demás lo que ha sentido y vivido. Quiere que otros experimenten lo mismo que Dios ha hecho en su vida a fin de que ellos también puedan tener una relación personal con Jesús. Además, creo que toda persona que recibe a Cristo y tiene ese amor en su corazón, también posee la certeza, la convicción, de que debe compartirlo donde quiera que esté, ya sea en su trabajo, mientras está de viaje o en cualquier otro lugar. Esto fue lo que me sucedió a mí. Es algo que nació dentro de mi corazón. Brota de un deseo vehemente de presentar al Dios vivo de tal manera que todos lo reciban. Siempre tengo ese anhelo en mi corazón. Y el Señor espera usarnos como instrumentos en sus manos.

El Señor espera usarnos como instrumentos en sus manos.

Mientras estuve en ese lugar oscuro, atrapado por tantos días bajo tierra sin ver la luz del sol, pude demostrarme a mí mismo que estoy dispuesto a testificar del Señor mientras viva en esta tierra. Además, pude ponerme en las manos de Dios y ver que esa era una oportunidad importante, no solo para elevar oraciones, sino también para predicar la Palabra de Dios, proclamando el mensaje y el propósito del evangelio. Debemos atrevernos a pedirle al Señor que nos permita tocar los corazones de miles con su mensaje.

Nunca pensé convertirme en un líder de oración o un líder espiritual, como los medios de comunicación me han descrito. Solo me puse en las manos del Señor como un obrero, como alguien responsable de la verdad. Nunca me ha gustado asumir el liderazgo, y los que me conocen lo saben bien. No obstante, en este caso el Señor tomó el control de todas las cosas y yo solo hice lo que era necesario hacer: orar, hablar del Señor y predicar su Palabra. Si de algo estoy seguro es de que siempre enfaticé lo grande y poderoso que es nuestro Dios.

Hoy he viajado por algunas naciones testificando de lo que experimenté, no debido a que busque personalmente la atención, sino porque esto es parte de mi obediencia a Dios. He salido a decirle al mundo lo que Dios hizo por nosotros. Soy un hijo de Dios y nunca lo voy a negar. Solo hice lo que cualquier hijo de Dios hubiera hecho, ya que el Señor no nos ha llamado a ser cobardes, sino más bien a enfrentar estas situaciones como gigantes y derribar murallas en su nombre.

Dios me preparó y permitió que tuviera todas esas experiencias a fin de que más tarde pudiera dar el testimonio que estoy presentando. Dios ha preservado mi vida a fin de que pueda hablarle a una generación de líderes dentro de la iglesia. A un pueblo cristiano que está muy ocupado en tener una posición importante, en sentirse servido por la iglesia en lugar de servir. No obstante, la Palabra señala que debemos ser mansos y humildes de corazón. Ahí radica el secreto. Independientemente de que seamos valientes, debemos ser imitadores de Cristo y hacedores de su Palabra. Más allá de si sabemos mucho o poco de la Biblia, debemos sentir amor por los demás, por nuestro prójimo, así como también por el evangelio y la causa de Cristo. No debemos actuar guiados por nuestros propios intereses, que por lo general son muy egoístas y una piedra de tropiezo para la obra de Cristo.

> *Debemos ser imitadores de Cristo y hacedores de su Palabra.*

La oportunidad de testificar

A veces me preguntan qué se siente al ser famoso, al tener el privilegio de que los medios de comunicación me entrevisten y aparecer en la primera plana de los periódicos. Siempre respondo de la misma manera: «Si esta fama me permite testificar de Cristo, bienvenida sea, porque Dios la ha provisto sin que la haya buscado ni tampoco la esperara. Si es útil que vaya a cualquier lugar del mundo para decir que Cristo vive, salva, reina y habita en los corazones de los hombres, bienvenida sea. La veo como una oportunidad, una puerta que Dios abrió, y todo lo demás va incluido en eso».

Es natural que el que recibe a Jesucristo les cuente a sus amigos la experiencia. Les dirá: «Escuchen, Cristo ha hecho esto por mí porque él vive y reina. Yo no le conocía y hoy él obra en mí. Ahora tengo la firme convicción de que él ha venido a mi rescate y he podido ver con mis propios ojos que es un Dios vivo y verdadero». Cuando uno experimenta ese primer amor con Cristo, siente el deseo de que otros alcancen el conocimiento que uno ha alcanzado. Y ese es un buen sentimiento. Ser cristiano implica también ser transparente en el amor de Dios hacia los demás. Significa no guardarse lo que uno ha recibido.

La Biblia nos dice: «Sanen a los enfermos, resuciten a los muertos, limpien de su enfermedad a los que tienen lepra, expulsen a los demonios. Lo que ustedes recibieron gratis, denlo gratuitamente» (Mateo 10:8). Eso es lo que todo cristiano debe hacer. Debemos proclamar lo que Dios está haciendo, no solo a nuestros parientes, sino también a todos los que él pone en nuestro camino.

No sirvo a Dios como un deber, sino debido la gratitud que siempre hay en mí, en primer lugar, por el título que se nos ha dado y antes no teníamos, pues ahora somos llamados «hijos de Dios». Últimamente me han dado títulos que no esperaba, como el de «hijo ilustre» de mi ciudad. Sin embargo, lo más hermoso en la vida es ser un «hijo de

Sin Dios, no valemos nada.

Dios». Ese título debería poseerlo toda la gente del mundo a fin de pertenecer a la familia del Señor. En eso radica la plenitud del hombre. Sin Dios, no valemos nada.

La gratitud siempre debe estar presente en nosotros. Ya sea que uno posea bienes o carezca de todo, que tenga dificultades o no, siempre somos deudores de Cristo. Dios nos da todo lo que tenemos de manera que podamos decir que él es el proveedor de todas las cosas. Todo lo que se requiere es nuestra disposición. Servir a Dios de mala manera o con pocas ganas resulta inútil. Debemos hacerlo siempre de buena voluntad, con el corazón alegre y buena actitud. No debemos sentirnos obligados o forzados, sino que nuestro deseo siempre debe ser agradar al Dios invisible.

Mientras todavía estábamos en las profundidades de la mina, reuní a mis compañeros y hablamos de la oportunidad singular que tendríamos de testificarle a todo el mundo sobre lo que Dios había hecho en ese lugar. Todos estuvieron de acuerdo conmigo. Esta sería nuestra oportunidad de proclamar a Jesucristo. La Biblia nos dice que después de que Jesús sanaba a los enfermos, ellos se iban testificando y alabando a Dios. Inmediatamente después de su sanidad, corrían a contarles a otros lo que Cristo había hecho por ellos.

Todos aquellos que han tenido que vivir un tiempo de crisis durante el cual Dios los rescató, fortaleció y sanó, deben aprovechar esas oportunidades para darle la honra. De igual modo, nosotros debemos contarle a todo el mundo el papel que el Señor desempeñó en nuestra historia y decirles a los demás que él realmente contestó nuestras oraciones. Nuestro Dios es un Dios vivo, real y poderoso, que siempre está a nuestro lado y cuyas promesas son reales. No necesitamos enviarle cartas o mensajes. Él está junto a nosotros en todo momento y declara en su Palabra: «Porque donde dos o tres se reúnen en mi nombre, allí estoy yo en medio de ellos» (Mateo 18:20). Nosotros, los mineros atrapados en medio de rocas firmes y fuertes, invocamos el nombre de Dios y él estuvo con nosotros. Envió a su Espíritu, que siempre nos acompaña.

> *Invocamos el nombre de Dios y él estuvo con nosotros.*

CAPÍTULO 12

¿Acaso de Talca puede salir algo bueno?

Sé que soy un pecador e imperfecto delante de Dios, pero siempre he estado dispuesto a servirle. Tal vez no soy el hombre más calificado, pero el Señor me dijo lo mismo que le dijera a Moisés cuando se quejó de que no era elocuente o bueno con las palabras: «Anda, ponte en marcha, que yo te ayudaré a hablar y te diré lo que debas decir» (Éxodo 4:12). Puedo asegurar que esta promesa se ha cumplido en mi vida. El Señor me permitió viajar por muchos pueblos y ciudades, haciendo diversas tareas en lugares solitarios y oscuros, a fin de formarme a través de todo este proceso para testificar del amor y el poder de Dios.

Mientras Jesús estaba en esta tierra, las personas le preguntaron quién era y por qué predicaba. Algunos incluso dijeron: «¡De Nazaret! [...] ¿Acaso de allí puede salir algo bueno?» (Juan 1:46). Debido a que soy un hombre del pueblo, un minero, las personas tal vez se pregunten acerca de mí: «¿Acaso de Talca puede salir algo bueno?».

Aunque la historia de mi vida parecía rutinaria y sin sucesos trascendentales, todo cambió en cuestión de segundos. Una unción tuvo lugar por medio de la cual fui llamado a ser un vocero para el mundo, llevando esperanza y fe a un grupo de hombres que se encontraban atrapados. Pasé de ser un minero a convertirme en un embajador de Cristo para el mundo.

Pasé de ser un minero a convertirme en un embajador de Cristo para el mundo.

Sin embargo, Dios me conoce y está al tanto de mi humilde corazón. Él sabe que lo amo y no me interesan los títulos que los hombres puedan otorgarme. Dios es soberano en cuanto a todos los asuntos, así que muchas veces nos saca de la banca de una iglesia para levantarnos según su propósito. Por lo tanto, cuando el pastor de repente llamó y dijo: «Tenemos que ir a tal parte y llevar a cabo lo que Dios me ha dicho», le contesté: «Amén, vamos pues, para eso estamos aquí». Y así fue que empezamos.

El Señor sabe cómo uno le ha servido. Él conoce nuestra disposición y personalidad. Sabe cómo actuamos en el trabajo y nos comportamos en la vida diaria. Haber visto a Dios obrando en mi propia vida en muchas ocasiones me hace plenamente consciente de que soy un deudor a Cristo. No debería estar escribiendo estas páginas, pero ese no fue mi plan, sino el de Dios, que me ama y tiene un propósito para mi vida. No poseo una educación avanzada ni tampoco he asistido a ningún programa de estudios teológicos, pero el Señor me escogió y me ha llevado a muchos países hermosos para testificar acerca de él y su obra.

Mis viajes empiezan

Cierto día recibí una invitación de parte del Dr. Luis Palau para que compartiera mi testimonio delante de miles de personas en la Plaza Italia, en Santiago de Chile. Además de testificar, también me dio la oportunidad de orar. Cuando lo hice, el Señor derramó su unción sobre los pastores que estaban detrás de la plataforma, así como también sobre los que se encontraban al frente. Fue una experiencia grandiosa para mí orar por el Dr. Palau en el nombre del Señor. Todos recibimos una gran bendición.

Hubo un momento durante la presentación de mi testimonio en el que el Dr. Palau me sostuvo el micrófono mientras hablaba. Me asombró que alguien tan reconocido y sabio, un doctor de la Palabra, se mostrara tan amable y condescendiera a ayudarme de esa manera. Él estuvo dispuesto a ser igual que alguien como yo. Estuvo dispuesto a servir a fin de que yo pudiera participar en la predicación del evangelio. Este hombre de Dios posee una gran humildad, la cual se evidenció en el testimonio silencioso que ofreció a los miles de personas que nos veían.

Al volver a casa después de la reunión organizada por el Dr. Palau, recibí una invitación de dos jóvenes que querían organizar una campaña de predicación. Al observar su entusiasmo y ver lo motivados que estaban por hacer algo para el Señor, me sentí honrado. Mi corazón se conmovió.

Por supuesto que acepté. Lo único que les pedí fue que cubrieran el costo de mi pasaje y el de mi esposa. En el día señalado viajamos a Antofagasta. La forma en que todo se organizó fue como un milagro. Un familiar de alguno de ellos donó la habitación en uno de los mejores hoteles de la ciudad donde nos hospedaríamos. Otro amigo pagó los pasajes. Y además de cubrir todos los gastos

> *Celebramos la victoria viendo cómo trescientas sesenta y seis personas le entregaban su vida a Cristo.*

del evento, pudieron hasta darme una ofrenda.

Después que terminó la reunión, celebramos la victoria viendo cómo trescientas sesenta y seis personas le entregaban su vida a Cristo. Tres iglesias de la zona serían responsables por cuidar de esas almas. Lo vivido fue maravilloso. Algo digno de destacarse. Esa fue una de las primeras reuniones que confirmaron el gran reto que Dios me estaba poniendo por delante. No obstante, sentí el respaldo del Señor, y eso fue más que suficiente para mí.

El viaje a la Tierra Santa

A través de la embajada de Israel en Chile, el gobierno israelí nos invitó a los treinta y tres mineros y a nuestras esposas a visitar Israel con el propósito de agradecerle a Dios en ese lugar con nuestras oraciones. Desdichadamente, no todos los mineros pudieron ir. Solo veintitrés de los hombres que quedamos atrapados en la mina pudimos aceptar la invitación.

Habíamos recibido muchas invitaciones, pero esta era especial. Representó un verdadero privilegio estar cerca del lugar elegido por Dios y desde allí poder agradecerles a todos aquellos que oraron por nosotros. Quisimos darle las gracias a Dios en el lugar elegido para que su Hijo viniera a salvar al mundo. Poder visitar los lugares donde Jesús caminó, predicó y también murió y resucitó significó una gran bendición para todos nosotros. Conocimos muchos sitios que se describen en la Biblia y recordamos muchas de las cosas que la Palabra de Dios dice en cuanto a esos lugares. Nunca imaginé que un día estaría allí. Para todos mis compañeros y para mí fue un privilegio muy grande.

También vivimos la experiencia de ser bautizados en el río Jordán. Allí, antes de sumergirnos en las aguas, recordamos los sesenta y nueve días que pasamos atrapados bajo tierra en el desierto de Atacama. Sentimos la presencia de Dios en ese lugar. Fue un gozo para mí ver que muchos de mis compañeros, en total diecisiete de ellos, más algunas de sus esposas, recibieron el bautismo por inmersión en las aguas del río Jordán.

Al bajar del avión nos recibió el jefe de la aerolínea El Al; el ministro de turismo israelí, Stas Mizesnikov; y el embajador de Chile en Israel, Joaquín Montes. La gente nos dio la bienvenida con gritos de «Viva Chile» y «Viva Israel».

Luego visitamos al presidente de Israel, Shimon Peres, así como también a varios líderes religiosos y espirituales. Tuvimos que responder a muchas de sus preguntas, y con cada respuesta alabamos al Rey de reyes y Señor de señores. Testificamos de Jesucristo, que dio su vida en ese lugar por toda la humanidad y también estuvo con nosotros dentro de la mina.

Con cada respuesta alabamos al Rey de reyes y Señor de señores.

Dios nos usó como sus instrumentos para unir a los países con lazos de amor y amistad. Ellos cubrieron todos nuestros gastos. Hubo algunos que expresaron su sorpresa ante el hecho de que hicieran un desembolso de esa envergadura por nosotros. No obstante, el presidente nos dijo que habían hecho solo un gasto mínimo, que Israel es un país que une al mundo. Esta fue una de las cosas que más me agradó escuchar de sus labios.

Hablamos a los corazones de Inglaterra e Irlanda

Por medio del pastor Alfred Cooper, Dios ordenó un viaje a Inglaterra, ya que él conoce muy bien lo que está pasando en ese país y la gran necesidad que hay allí. Una nación que en un tiempo enviaba misioneros cristianos a muchos países del mundo, debido a las guerras y el cambio de comportamiento de las nuevas generaciones, en el presente atraviesa una gran indiferencia hacia Dios. Incluso las grandes catedrales e iglesias se usan para otros fines, sin cumplir el propósito para el que fueron construidas originalmente.

Debido a que allí hay una frialdad espiritual tan grande, alcanzar a esas personas y ver a familias enteras recibir a Cristo fue una gran responsabilidad y se convirtió en un sueño para mí. También resultaba importante ir allá porque tanto Inglaterra como Irlanda son países con una fuerte tradición en la industria minera. Así que las personas se identificaron fácilmente con nosotros. Nos mostraron su afecto y nos sentimos unidos por lazos muy especiales debido al hecho de que desempeñábamos la misma actividad.

Durante el tiempo que estuvimos en Inglaterra celebrábamos cinco o seis cultos a diario. Tener seis reuniones al día no era fácil, y físicamente resultaba casi insoportable. Sin embargo, algo me sucedía cuando tomaba la Biblia en la mano y me paraba frente al público. En ese instante, me concentraba solo en lo que tenía que hacer. Contaba mi experiencia y respondía a las inquietudes de cientos que acudían para saber más de la experiencia de los mineros. Todo lo demás dejaba de ser importante, ya que Dios eliminaba las distracciones o preocupaciones.

Mientras hablaba, sentía el flujo de su Espíritu. El poder divino obraba en mí. Podía sentirlo recorriendo todo mi cuerpo. No podía guardar silencio. Tenía que actuar y testificar del poder de Dios.

Tenía que actuar y testificar del poder de Dios.

Visitamos la congregación La casa de Jesús [Jesus House], una iglesia nigeriana, y la Catedral de San Pablo, donde celebramos dos reuniones con tres mil asistentes cada una.

Primero oramos por los enfermos y luego extendimos una invitación para que las personas recibieran a Jesucristo. En ese momento, cientos de personas pasaron al frente a fin de orar en el altar. En cada ocasión, miles de personas asistieron a nuestras reuniones, y muchos que no pudieron entrar vieron el testimonio en gigantescas pantallas afuera. Fue increíble.

En Irlanda ocurrió algo similar. Les testifiqué a muchas personas, incluso en una ocasión a unos mineros locales que se encontraban entre el público. Dios abrió las puertas y tocó los corazones. Después de las reuniones, la gente se acercaba para saludarme y decirme que hacía más de treinta y ocho años que no se habían celebrado allí reuniones religiosas de ese tipo, de modo que ese día quedaría grabado en sus mentes y corazones. Nos impresionó la reacción de las personas, el amor con que nos trataron y la buena recepción que nuestro testimonio tuvo en ese país.

Los preparativos para cada reunión incluían mucha oración. Clamaba al Señor y le pedía que me usara y pusiera su palabra en mis labios. Le rogaba que me diera la fuerza y el poder para alcanzar a las personas que asistieran cada vez que testificaba de mi vida y lo que Dios había hecho por mí.

Oraba diciendo: «Señor, que no sea yo, sino tu Espíritu, el que trasmita la Palabra y penetre los corazones, independientemente de quién esté hablando». Mi anhelo era que se cumpliera el propósito del Espíritu Santo. No me interesaba que asistieran mil o tres mil personas, sino que las almas fueran salvas. Solo quería ver que la gente estuviera lista para recibir a Jesús. Eso es algo que toca mi corazón. Mi mayor gozo y felicidad es ver que se cumple la meta de nuestra predicación. En todo momento durante ese viaje nuestro deseo fue exaltar a Cristo y darle la gloria solo a él, porque es muy fácil caer en la trampa de querer convertirse en el héroe.

> *Nuestro deseo fue exaltar a Cristo y darle la gloria solo a él.*

Una experiencia con Obama

Mientras me preparaba para viajar a Inglaterra con el pastor Alfred Cooper, recibí una llamada telefónica del Ministro de Relaciones Exteriores chileno, el señor Alfredo Moreno, que me dijo:

—Hola, José, ¿cómo está? El presidente de los Estados Unidos, Barack Obama, desea que vaya a participar de una celebración en Washington para que cuente su testimonio acerca de todo lo ocurrido en la mina San José. Tiene que ir «sí o sí». Debe estar presente.

Entonces le expliqué:

—Lo lamento mucho, señor ministro, pero no me será posible. Tengo un compromiso en la misma fecha que usted menciona para viajar a Inglaterra e Irlanda. Los pasajes ya están comprados.

—Pero Don José, el presidente Obama lo solicitó expresamente.

—Señor ministro, si usted puede darle solución a este conflicto de fechas, por mi parte no hay inconvenientes en viajar, yo voy a los Estados Unidos. El pastor Cooper es el que está coordinando todo este viaje. Yo estaría dispuesto a viajar a los Estados Unidos con él, pero no quiero ir solo. Le voy a dar su número telefónico. Usted puede llamarlo y hacer los arreglos con él para resolver este dilema.

—No se hable más del asunto. Yo llamaré al pastor Cooper para ver qué podemos hacer —me indicó el ministro.

Pocas horas después, el pastor Alfred Cooper me llamó y dijo: «José, uno no le dice que no al presidente. Este es asunto serio. La invitación viene con un alto nivel de urgencia».

Más tarde se me informó que todo había sido arreglado. Antes de viajar a Irlanda, pasaríamos por la ciudad de Nueva York, en los Estados Unidos, y de allí iríamos a Washington, D.C. a fin de participar juntos en el Desayuno Nacional de Oración con el presidente Obama. Abordamos el avión y viajamos en primera clase como si fuéramos dos celebridades importantes. El pastor se reía diciendo:

—Jamás en mi vida había viajado en primera clase.

—¿Ve pastor? El Señor nos está tratando demasiado bien —respondí.

—¡Qué bueno, disfrutémoslo entonces!

Cuando el momento llegó, me levanté para dar mi testimonio ante las más de tres mil quinientas personas que asistían al Desayuno Nacional de Oración. Nunca había estado frente a tantas personas. Con tanta gente sentada frente a uno y preparada para escuchar, es muy difícil no ponerse nervioso. Antes de que hablara, el pastor Cooper me había escrito un bosquejo para que me guiara. Sin embargo, se lo devolví y le dije: «Gracias, pastor, ¿pero por qué no hacer lo mismo que hemos estado haciendo hasta ahora? Permitiremos que el Señor nos guíe». Era posible que me enredara con palabras que no eran mías, así que decidí no leer su bosquejo. El pastor Cooper fue muy comprensivo en cuanto al asunto. Así que en la mañana del desayuno, con mis palabras muy sencillas, empecé: «Permitamos que el Señor hable, que nos muestre lo que debemos decir».

Mi tarea era relatar en pocos minutos lo que había sucedido en la mina San José. Por lo general, cuento mi experiencia en aproximadamente cuarenta minutos. Sin embargo, se me había pedido resumir sesenta y nueve días en tan solo cinco minutos. La verdad fue que empleé siete minutos, ya que me resultó imposible contar toda la experiencia en menos tiempo. Al principio de mi discurso saludé respetuosamente al presidente Obama y también a su esposa. Luego dirigí mis palabras al resto del público y señalé: «La historia empieza de esta manera. Era un día común y corriente...».

Más tarde les agradecí por el respaldo que mis compañeros y yo recibimos de muchas naciones de todo el mundo durante los muchos días que estuvimos atrapados bajo tierra, y en especial por la contribución de la Agencia Espacial de los Estados Unidos (NASA) en el diseño de la cápsula que nos transportó a la superficie. También les aseguré que Dios había estado con nosotros en todo momento.

Les conté que Dios me había dado la oportunidad de orar y dirigir en la oración al resto de mis compañeros, y cómo eso nos fortaleció y prosperó. Les expliqué que el Señor había tocado a algunos hombres y restaurado la salud. Luego describí nuestro sistema democrático para aprobar nuestros acuerdos y tomar las decisiones sobre cómo lidiar con la situación de crisis. La gente pareció sorprenderse al oír esto, pero les gustó mucho.

Pasé a relatar que veintidós de mis compañeros en la mina recibieron a Cristo. Expliqué cómo cuando la cápsula estuvo lista para sacar al primer hombre a la superficie, tuvimos nuestra última reunión de oración. Finalmente dije: «En realidad solo teníamos una alternativa, y no era otra que Dios mismo».

El público quedó muy impresionado con el testimonio. Noté que muchas de esas personas tan importantes y distinguidas se interesaban por escuchar acerca de nuestra experiencia. Sentimos en nuestro corazón que todo había marchado bien. El embajador de Chile en los Estados Unidos pareció muy complacido. El presidente se mostró muy cálido en su saludo y me dijo que se sorprendió al oír todo lo que había contado. También asistían a la reunión varios presidentes de otras naciones, senadores, diplomáticos y muchos otros funcionarios importantes. Fue una gran bendición haber estado allí. Resultó una experiencia muy singular.

El intérprete que traducía mis palabras al inglés me preguntó: «¿Qué es lo que más le ha sorprendido de esta reunión?». Entonces le respondí: «Lo que más me impresionó es que los miembros del gobierno nos hayan prestado su despacho para orar y prepararme antes de la reunión».

Pudimos observar con claridad cómo Dios estuvo preparándolo todo a fin de que el auditorio estuviera listo para escuchar lo que teníamos que decir.

Todas esas personas importantes también tienen muchas necesidades espirituales. Esa fue una de las razones por las que nuestro testimonio fue tan bien recibido. Y ese es el motivo de que este mensaje sirva para alcanzar a las almas. A través de mi testimonio deseo resaltar a la persona de Cristo y darle toda la honra y la gloria al Señor, ya que él es el protagonista de todo lo que ha sucedido en mi vida y en la mina San José.

> *A través de mi testimonio deseo resaltar a la persona de Cristo.*

Que el Espíritu Santo tenga el micrófono

Dios desea poner su maquinaria en marcha de acuerdo a su múltiple sabiduría y derramar sus bendiciones sobre aquellos que las necesiten. Él quiere tocar los corazones de una manera u otra. Algunos están tristes, otros angustiados y afligidos. Algunos no tienen esperanza o se encuentran enfermos. Dios quiere hablarles a todos. Así que cada vez que nos disponemos a predicar, debemos orar primero y pedirle: «Señor, habla tú», ya que si nos ponemos nosotros mismos en primer lugar, solo somos hombres queriendo imponer nuestras propias ideas.

Hay ocasiones en que tal vez quisiéramos enseñar otra cosa, pero Dios nos dice: «Sin mí, no puedes hacer nada». Si no actuamos según la voluntad de Dios, aun con toda la educación que pudiéramos tener, con todo lo que humanamente pudiéramos hacer, no obtendremos los resultados que Dios desea. Cuando el Señor usa a una persona, el mensaje es poderoso. Los enfermos son sanados y el pueblo de Dios es bendecido mientras canta alabanzas a él.

No debemos olvidar que hay una diferencia espiritual entre el cristiano y el que es meramente un simpatizante del evangelio. Dios ve la intención del corazón. Él conoce cualquier intento de manipulación o engaño. Siempre que alguien usa palabras humanas en lugar de tratar de alcanzar a las personas siguiendo la dirección de Dios, o trata de figurar como protagonista desde un púlpito, o desempeña una actividad sin la gracia de Dios, todo lo que provoca es la envidia y la murmuración de los demás. Sin embargo, a los verdaderos hijos de Dios les va bien en toda empresa. Eso es algo que he visto y experimentado.

> *Dios ve la intención del corazón.*

Así que en todo momento debemos seguir el ejemplo de Jesús, que cuando enseñaba, «la gente se asombraba de su enseñanza, porque la impartía como quien tiene autoridad y no como los maestros de la ley» (Marcos 1:22). La autoridad de Dios resultaba evidente en él.

La gracia de Dios se encuentra presente y activa siempre que el favor de Cristo está sobre alguien, ya que esa persona acepta que Dios la use y permite que él actúe, de modo que el Señor la toca con una comprensión y una inteligencia especiales.

CAPÍTULO 13

Contento y preparado para lo que el Señor ordene

En estos días siempre que hay una crisis, ya sea económica, tecnológica o nuclear, muchos se sienten derrotados y piensan que la vida se ha acabado. Sin embargo, en todas las experiencias que he descrito en estas páginas he aprendido que cuando Dios nos acepta como sus hijos, somos suyos para siempre. Mi gozo es saber que él es nuestro refugio. Él es un Dios que no miente. Nos gustaría verle, tocarle y abrazarle, pero eso no es posible de este lado de la eternidad. Con todo, ese día llegará.

Cuando Dios nos acepta como sus hijos, somos suyos para siempre.

Mientras tanto, debemos estar contentos al sentir su presencia en nuestra vida y nuestro corazón, y eso es lo que nos fortalece. En medio de la crisis, lo principal es no culpar a Dios, sino más bien tratar de entender lo que está sucediendo en el mundo. El Señor ya ha ordenado los tiempos en los cuales hará lo que está escrito. La Biblia no es simplemente papel y tinta, sino poder y autoridad. En sus páginas aprendí que Dios nunca nos abandona. De una manera u otra, el Señor dará a conocer su presencia y traerá bendición en toda situación. Él cumplirá sus objetivos, sus propósitos, porque ya ha ordenado estas cosas de antemano.

Cada vez que experimentamos un conflicto, en lugar de desesperarnos debemos recordar que los hijos de Dios tienen un propósito en la vida. Debemos aspirar a tener la mente de Cristo. Una mente aprobada, llena de pensamientos positivos, en la que constantemente esté fluyendo la Palabra de Dios. Es preciso sentir que en el momento en que están ocurriendo las cosas, Dios nos está dando la solución, ya que él obra en nuestra mente y nuestras actitudes.

Cuando observamos a Jesús y a otros hombres de Dios que se describen en las Escrituras, aprendemos que un líder espiritual debe ser amable y respetuoso, demostrando en todo momento la gracia de Dios. Solo somos vasijas de barro. Cristo es el que se mueve en nuestros corazones y por eso debemos permanecer en comunión con Dios, a fin de que él obre y complete lo que sea que quiere hacer. Un hombre sin el respaldo de Cristo no es nada. Somos solo seres humanos necesitados de Jesucristo, del poder de Dios.

> *Un hombre sin el respaldo de Cristo no es nada.*

Por eso considero que los elementos fundamentales en la formación del carácter de una persona son la perseverancia, la confianza, la esperanza, la Palabra, las promesas y la fe. Debemos aferrarnos a la Palabra de Dios, que nos dice: «Así que la fe viene como resultado de oír el mensaje, y el mensaje que se oye es la palabra de Cristo» (Romanos 10:17). Las Escrituras también declaran: «Tu palabra es una lámpara a mis pies; es una luz en mi sendero» (Salmo 119:105). Mantener una estrecha relación con el Señor y su Palabra fue lo que me permitió vencer en una situación de crisis que duró sesenta y nueve días, atrapado a setecientos metros dentro de una montaña.

A veces pensamos que somos de una forma determinada, pero frente a las pruebas, cambiamos. De repente nos dejamos llevar por los gritos, la angustia y la desesperación. Actuamos de una manera que nos revela que no somos lo que pensábamos que éramos. Le echamos la culpa a Dios por lo que sucede y nos resulta fácil decirle: «¡Mira cómo estoy siendo tu hijo!». Esa no es la actitud apropiada de un hijo de Dios. Es necesario que seamos fieles todo el tiempo y positivos en todo. Debemos esperar en el Señor con paz, paciencia y la confianza de que la respuesta ya está en camino, porque Dios siempre tiene una solución. Lo que es imposible para el hombre es posible para Dios. Debemos tener una convicción firme y verdadera, una certeza de que Dios está con nosotros, vive en nosotros. Esto es lo que nos mueve a ser distintos, a tener ideas y un espíritu diferente, a hablar de otra forma y ser capaces de ayudar a las personas a salir de su contexto negativo para llevarlas a la luz.

Dios siempre tiene una solución.

A fin de servir a Cristo debemos estar dispuestos a dejar a un lado el «yo». Nuestro egoísmo tiene que desaparecer, poniéndonos entonces en las manos del Señor. Dios se agrada de la gente que se pone en sus manos, colocándolo a él por encima de todas las cosas, en todos los aspectos y circunstancias de la vida. Al buscar al Señor y empezar a crecer en las cosas de Dios, comenzamos a adquirir las tres herramientas especiales en la vida que nos capacitan para enfrentar cualquier adversidad:

(1) Debemos llegar a ser personas de oración.

La oración para el cristiano es tan importante como el aire que respira. La oración «oxigena» el espíritu, lo renueva. Si no voy a la fuente, que es Cristo mismo, ¿cómo puedo comunicarme con él? ¿Cómo puedo hallar refrigerio? ¿Cómo puedo ser fortalecido? ¿Cómo puedo mantenerme en buena condición espiritual? La oración es la clave para abrir la puerta y conversar con Dios. Es el teléfono que me mantiene en comunicación constante con él. Mientras estuvimos atrapados en la mina, les decía a mis compañeros: «Debemos alzar el teléfono y comunicarnos con el Señor. Tengan la certeza de que Dios va a obrar, vamos a sentir su misericordia y ver ese cajón lleno de alimentos». Y eso fue lo que sucedió. Todos necesitamos una palabra que nos dé esperanza, que nos ayude a vivir una vida que agrada a Dios.

(2) Debemos llegar a ser personas que atesoran la Palabra de Dios.

Es necesario entender y conocer la Palabra de Dios, porque ella edifica, educa, fortalece, nos enseña cómo vivir y actuar. La Palabra de Dios es todo. Retener su contenido en la memoria nos ayuda en los tiempos de crisis, pues allí es donde hallamos el secreto, el significado de lo que Dios quiere decir. Además, si atesoramos la palabra de Dios en nuestro corazón, podremos compartirla con otros.

(3) Debemos llegar a ser personas que se atreven a edificar una iglesia fuera de los templos.

En la mina, a setecientos metros bajo tierra y rodeados de rocas, fuimos capaces de formar una iglesia. Si somos personas de oración, conocemos la Palabra y tenemos fe, podemos levantar una iglesia donde quiera que vayamos, sin que importe el ambiente, el contexto, la época ni los impedimentos.

Con todos estos elementos especiales de preparación, puedo presentarme ante cualquiera y decirle: «Crea en Dios». Puedo explicarle quién es Jesucristo. Puedo asegurarle por experiencia personal que él sana, me salvó, me rescató y me ha usado de muchas maneras, entre ellas para dar mi testimonio y predicar su Palabra.

Una mañana fui a trabajar pensando que sería otro día como cualquiera, pero Dios tenía algo preparado para mí. Un cambio radical me esperaba. Ya nada sería igual en mi vida ni en la de otros treinta y dos compañeros que vivirían conmigo sesenta y nueve días de encierro.

A pesar de las dificultades que experimentamos en la mina San José, puedo decir que resultó maravilloso haber podido ser el «guía espiritual» de ese grupo y edificar a todos estos hombres con la Palabra, discipulándolos por medio del amor y observando su progreso y crecimiento. Eso fue lo mejor que pude haber hecho durante ese tiempo. Me siento privilegiado al haber sido capaz de dedicarme, como los reporteros dijeron, «a consolar con la Palabra de Dios a mis compañeros de trabajo».

Todos hemos escuchado alguna vez la parábola que nos enseña acerca del sembrador que salió a sembrar: «Mientras iba esparciendo la semilla, una parte cayó junto al camino, y llegaron los pájaros y se la comieron. Otra parte cayó en terreno pedregoso, sin mucha tierra. Esa semilla brotó pronto porque la tierra no era profunda; pero cuando salió el sol, las plantas se marchitaron y, por no tener raíz, se secaron. Otra parte de la semilla cayó entre espinos que, al crecer, la ahogaron. Pero las otras semillas cayeron en buen terreno, en el que se dio una cosecha que rindió treinta, sesenta y hasta cien veces más de lo que se había sembrado. El que tenga oídos, que oiga» (Mateo 13:4-9).

Yo solo soy un sembrador de la buena semilla.

Yo solo soy un sembrador de la buena semilla. Ese fue mi deber dentro de la mina y todavía lo sigue siendo hoy fuera de ella. Aunque mi deseo es ver que la semilla crezca y de inmediato dé fruto, solo puedo hacerme eco de la Palabra de Dios y declarar: «Estoy convencido de esto: el que comenzó tan buena obra en ustedes la irá perfeccionando hasta el día de Cristo Jesús» (Filipenses 1:6). Creo de todo corazón que Dios tiene el dominio de esas personas y a su debido tiempo obrará en ellas.

En cuanto a mi futuro, no sé lo que sucederá en este camino que el Señor ha ordenado para mi vida, pero estoy seguro de una cosa: Si Dios me dice que vuelva a trabajar en las minas, lo haré. Esa es mi profesión. Allí es donde presencié que Dios obraba milagros que nunca pude haber imaginado.

APÉNDICE

Desde el punto de vista de Blanca Hettiz

La vida de José como minero empezó antes de que nos casáramos. Mi hermano, que también es minero, le consiguió empleo en El Teniente. José trabajó allí, así como también en las minas El Salvador, El Inca, El Indio, e incluso viajó al norte. A lo largo de sus días de trabajo tuvo muchos accidentes, pero gracias a Dios de todos salió bien.

En esta oportunidad, mientras se encontraba trabajando en la mina San José, mi esposo anticipó que el yacimiento era muy peligroso. Él nunca había trabajado en una mina tan chica ni en tan malas condiciones. La misma contaba con una sola entrada y no disponía de una salida alternativa. La ventilación resultaba muy mala, por lo que la temperatura adentro era bastante elevada, siendo casi insoportable resistir el calor. José siempre había trabajado en compañías mineras importantes, las cuales contaban con todos los elementos de seguridad y el equipamiento adecuado. Sin embargo, en esta oportunidad no disponían de ninguno de esos recursos.

El día antes de tener que comenzar su turno de trabajo, José se preparó para partir rumbo a la minera. Él primero viajaba a Santiago y de allí tomaba el ómnibus hasta Copiapó. Mientras se arreglaba para salir, le pregunté:

—¿Se va a llevar la chaqueta?

—No, quizás a la vuelta pase a comprarme una en Santiago —respondió.

Me preocupó que se fuera tan desabrigado, ya que hacía frío.

—Bueno —le dije—, ¿está seguro de que lleva todo?

—Tengo la sensación de que se me olvida algo, pero no importa. Estoy listo.

José había tratado de esperar en casa hasta que llegara mi hija Karen para poder despedirse de ella. No obstante, como el autobús de Karen se demoraba más de la cuenta, decidió irse. Ya no podía seguir esperando, así que se fue caminando hasta la parada del autobús. Mientras se hallaba allí, Karen llegó de pronto, de modo que al final pudieron encontrarse.

La despedida fue especial, diferente. Él nos contó después que sentía que algo iba a suceder, porque todo parecía distinto. Para ese momento, la abuela de José había ido a la casa de mi suegra a fin de avisarle que mi esposo iba a pasar por algo muy terrible, de modo que debía tener cuidado. Cuando me lo contaron me puse muy nerviosa. Hubiera preferido no saberlo.

Luego de que José ya hubiera partido, recibí una llamada suya desde Los Vilos, en la cual me dijo: «Ahora recuerdo lo que se me olvidó». Jamás había sucedido algo así. Se le había olvidado llevar el buzo de trabajo, lo más importante. Esa fue la última vez que hablé con él antes del accidente. Al día siguiente, ingresó a la mina a las ocho o nueve de la mañana para trabajar.

El accidente

El día del accidente no había encendido el televisor. Amanecí con mucho dolor de lumbago y casi no podía moverme. Así que no me enteré de la noticia hasta que un sobrino llamó para avisarnos que había ocurrido un accidente en la mina donde trabajaba José. Sin embargo, hubo una pequeña confusión. José nos había dicho que la mina se llamaba San Esteban, de modo que pensamos que el accidente no era en el lugar donde él trabajaba.

Encendí el televisor para ver si informaban algo, pero a los pocos minutos llegó Karen y me dijo: «Mamá, mamá, me acaban de llamar para confirmarme que el accidente es en la mina donde trabaja papá». Mi nieta Catalina, que estaba escuchando, se echó a llorar. Entonces decidimos apagar el televisor y ponernos a orar juntas, sentadas en la cama. Le pedimos a Dios por todos aquellos que estaban en el lugar del accidente, humillándonos ante él y rogándole que los protegiera. Luego pensamos que era necesario avisarle a nuestra otra hija, Hettiz, que se encontraba en su trabajo.

Algunos años antes Hettiz había trabajado en Copiapó, así que tenía gente conocida allá. Después de varios intentos logré comunicarme y lo más calmada que pude le expliqué, teniendo mucho cuidado al escoger las palabras para que no se pusiera nerviosa, que había sucedido un accidente en la mina donde trabajaba su papá. De inmediato se puso en contacto con algunas personas conocidas, las cuales le confirmaron que el accidente era allá y que su papá estaba en la mina. También le prometieron que la tendrían al tanto de todo lo que sucediera. Así comenzaron las llamadas telefónicas preguntando si mis hijas iban a viajar al lugar del accidente. Ellas querían ir hasta allá, pero tenían que organizar todo en sus respectivos trabajos. En lo que a mí respecta, no me podía mover. Estaba prácticamente inmovilizada por mi lumbago. De modo que mis hijas me pidieron que permaneciera en casa mientras ellas iban a averiguar qué sucedía. Además, necesitaba quedarme para cuidar a mi nieta, ya que la niña debía ir a la escuela.

A la mañana siguiente salieron para Copiapó. El Señor proveyó los medios para realizar ese viaje. El cuñado y un sobrino de José, al igual que su hermano, ya habían partido hacia la zona. Mi hermano, que también es minero, también llegó al lugar para ofrecer su ayuda. Yo puse a José en las manos del Señor. Sentía una gran tranquilidad. Soy una persona muy sensible, pero no experimentaba ninguna sensación fatídica en mi corazón, solo un poco de angustia. Mi oración era simple: «Dios, que no les falte el aire y tengan agua». Sin embargo, en el fondo de mi corazón sabía que José se encontraba bien, que estaba vivo.

Continuamos orando y comenzamos a ayunar. En la iglesia se empezaron a llevar a cabo vigilias de oración. Mis hijas me llamaban por teléfono y me pedían que no mirara tanta televisión, ya que no estaban dando una información muy clara sobre el asunto. Ellas me mantendrían debidamente informada con la realidad de lo que estaba sucediendo, ya que los medios de comunicación exageraban demasiado y eso me angustiaba mucho.

Seguí el consejo de mis hijas y preferí esperar sus llamadas telefónicas. Además, como tengo mi propio comercio, toda la gente que venía me contaba lo que había visto por televisión.

El accidente ocurrió un jueves, pero hasta el lunes nadie en Talca supo que había un minero de la localidad atrapado en la mina. Cuando salía la lista en la televisión, solo mencionaban el nombre de José, sin especificar su apellido ni mostrar una foto suya, aunque la mayoría de los hombres figuraban en la lista con su nombre completo, edad, fotografía y lugar de procedencia.

El domingo por la tarde, Eric, un amigo de mis hijas, vino a preguntarme cómo estaba, ya que había leído una y otra vez la lista de los mineros que se encontraban en el accidente y el nombre de mi esposo no figuraba. Entonces le expliqué que él lo conocía como Samuel, pero su primer nombre era José, que era con el que aparecía en la lista. Eric me dijo que tenía un amigo que trabajaba en la televisión nacional, así que si yo lo autorizaba y le daba todos los datos, podía llamarlo para que realizaran los cambios que había que hacer. Acepté, ya que me pareció raro que ni siquiera me llamaran los representantes de la compañía minera.

Esa misma noche, como a la una de la mañana, llegaron a casa unos detectives. Yo ya estaba acostada y mi sobrina, que había venido a acompañarme a fin de que no estuviera sola, se encontraba conmigo en casa. Cuando salí a recibirlos, vi que se trataba de una mujer y un hombre. Ellos empezaron a averiguar los datos personales de José y a hacerme preguntas acerca de la mina y otras cosas relacionadas con el lugar de trabajo. Indagaron por qué yo no había viajado. Les comenté el motivo por el que no podía hacerlo, aclarándoles que mis hijas y una gran parte de mi familia estaban allá. Me hicieron muchísimas preguntas y después se retiraron.

Al día siguiente, a las nueve de la mañana, comenzaron a llamar los periodistas. A las diez de la mañana recibí una llamada telefónica de los funcionarios municipales; también llamó el alcalde y mucha gente más. Por la tarde llegó una limosina enviada por el intendente para que fuera a su oficina, ya que tenían dos recados que darme de parte del gobierno. Una sobrina que es asistente social me acompañó. También vino un primo que es el contador de mi negocio, así que fuimos los tres.

El intendente quería saber todos los detalles de los que no había sido informado antes, y entonces el rumor corrió como un reguero de pólvora. La noticia empezó a salir en la radio, la televisión y los diarios. El asunto no se detuvo. Desde ese momento todo el mundo se movilizó y no me dejaron tranquila nunca más. Llegaron a mi casa periodistas de todos los canales de televisión del país. Me llamaron desde España y muchas otras partes. No sé cómo consiguieron mi número telefónico, en realidad no lo sé.

El intendente me ofreció viajar cuando lo estimara necesario. Solo tenía que avisarle. Le conté sobre el problema de salud que me aquejaba, indicándole también que mis hijas ya estaban allá. A cada rato me llamaban para decirme que cuando tomara la decisión de viajar les avisara, entonces me proporcionarían los pasajes de avión. Mi respuesta siempre era la misma, que estaba esperando el aviso de mis hijas para viajar. Ellas me decían: «Mamá, no hay nada que hacer aquí. Todo está en manos de la gente que se encuentra trabajando». Lo único que se podía hacer era esperar.

La paz de Dios en mi vida

Mientras iban transcurriendo los días, mucha gente me preguntaba: «¿Usted cree que con el tiempo que ha pasado los mineros estén todavía vivos?». Yo les contestaba con resolución: «Sí». Entonces me miraban con una cara extraña, como diciendo: «Pobrecita. ¡Qué bueno que crea eso!», luego se marchaban.

Aunque todo el mundo llenaba mi vida de preocupación con sus comentarios, recuerdo las palabras del pastor Walter, uno de los primeros en llegar cuando se supo la noticia en Talca. Él me dijo: «No se angustie hermana, solo el Señor sabe con qué propósito lo tiene allí. No se preocupe y vamos a orar». Ellos me ungieron en el mismo lugar de trabajo y después se fueron a la casa de mi suegra para hablar con ella.

Cuando ya habían pasado unos diez días, un sobrino vino a contarme que había soñado con su tío y lo había visto sobre una roca. Después otro sobrino me dijo que en un sueño lo había visto leyendo la Biblia y hablando con varias personas. Luego llegó una sobrina y me dijo que también había soñado con él. Todos soñaban con José. Sin embargo, aunque él siempre había estado presente en mis sueños, esto no había ocurrido nunca más. Una prima que vive en el campo me dijo que había recibido una palabra por medio de la cual se le hizo saber que había dos cristianos que estaban bien. Justo ese día se realizaría un servicio de oración y una vigilia en la iglesia, así que fuimos juntas. Le había pedido al Señor que me diera sueños y visiones, pero no recibía nada.

Al otro día, un sábado en el que también se llevaba a cabo una vigilia, me puse a clamarle al Señor, diciendo: «Señor, ¿por qué le has dado visiones y sueños a tanta gente y a mí no me has mostrado nada? Siempre he tenido sueños que se han cumplido». Terminando de decir eso, vi a José con su casco saliendo de la mina, apoyándose en los codos. «Gracias, Señor», le dije. Eso era todo lo que necesitaba ver.

Luego, el domingo por la tarde, se supo la noticia de que todos estaban vivos y bien. Me encontraba tranquila en mi casa cuando las niñas me llamaron y dijeron:

—¡Mamá, mamá, todos se encuentran vivos y bien!

—¿Cómo saben ustedes eso? —les pregunté.

—¡Mamá, es que nosotras estamos acá, así que fuimos unas de las primeras en saber la noticia! ¡Enciende el televisor! —gritaban emocionadas mis hijas.

Comunicación y espera

José empezó a escribir cartas y las niñas me las leían por teléfono. Yo le dictaba a Hettiz lo que quería decirle, pero un día me pidió que escribiera una carta de mi puño y letra y se la mandara por fax para que se la hicieran llegar a José. Así lo hice, y le agregamos fotos también. Unos días después Hettiz me dijo:

—Mamá, en estos días voy a hablar por teléfono con papá. Si quieres acerco el celular, vas a poder escucharlo, pero no verlo.

—¡Por supuesto! ¡Qué bueno! ¿Y cuándo será eso? —le dije.

El día acordado me llamó y colocó su celular cerca del teléfono con el que se comunicaban, así que pude escucharlo hablar como si estuviera a mi lado. ¡Qué emoción más grande! Él se encontraba tan lejos, en la profundidad de la mina, y aun así podía escucharlo muy bien.

Poco después me informaron que pronto comenzarían las videoconferencias. De modo que ahora sí estaba dispuesta a conversar con el intendente para aceptar su ofrecimiento a fin de viajar con mi nieta y mi sobrina a Copiapó.

Llegamos a la mina el viernes para estar presentes en la videoconferencia del sábado. Alcanzamos a llegar antes de que enviaran las cartas, de modo que le redacté una en la que le contaba que al día siguiente estaría en esa videoconferencia, ya que deseaba que la emoción no fuera tan grande. También le avisé que su nieta y su sobrina estarían allí. Además, le dije que habíamos viajado en avión. Él sabe el terror que le tengo a los aviones, así que imagino que se habrá reído un rato.

¡Al otro día, qué emoción tan grande! Fue muy bonito para nosotras poder verlo. Todas queríamos hablar con él. Todas queríamos decirle algo. Nos reímos mucho. Al terminar la conferencia nos dimos cuenta de que habíamos disfrutado de una comunicación muy hermosa. Una vez que salimos del lugar, afuera nos esperaban el sicólogo, el médico y otras personas, aguardando para ver la reacción de la gente que salía. Ellos nos dijeron que nosotros habíamos sido el grupo más alegre. Reflejábamos de forma manifiesta la felicidad de ver a José de nuevo. Para mí fue una emoción muy grande. Me sentía muy contenta.

Al salir le pregunté a un ingeniero que se encontraba afuera:

—Disculpe, ¿podría decirme cuánto mide más o menos ese cerro que se encuentra allá al frente?

—Calculo que unos cien metros —me contestó.

—¿Eso significa —le dije— que ellos están a siete cerros de profundidad?

—Sí —me respondió el ingeniero.

Saber eso me hizo sentir mucha pena. Después de toda la alegría que había experimentado al ver a mi marido y hablar con él, el hecho de percatarme de cuán profundo se encontraba bajo tierra me produjo mucha tristeza.

El último viaje

La próxima vez que viajamos fue para ir a buscar a José. Vivimos un momento muy emocionante cuando nos avisaron que estaban listos para sacarlos. Mi vecino, que es piloto, me comunicó que él lo trasladaría desde la mina hasta el hospital en Copiapó y que José sería el número veinticuatro en salir, pero que no lo comentara, ya que todavía no se había hecho el anuncio oficial. Esa noticia me tranquilizó.

La mañana que finalmente saldrían me sentía muy tranquila y feliz. Una camioneta nos trasladó junto con mis hijas hasta el campamento. Luego me llevaron solo a mí hacia el lugar donde se había realizado la perforación para llegar a los mineros. Era necesario esperar allí.

La esposa del presidente, la señora Cecilia, me fue a buscar. Ella me acompañó al sitio por donde llegaría la cápsula y me comentó que hasta ese momento era la única persona que se mostraba tan tranquila e irradiaba tanta paz.

—¿Cómo se siente? —me preguntó.

—Estoy muy feliz y quiero ver a mi esposo.

—Usted trasmite alegría, tranquilidad, serenidad —dijo.

—Sí, eso es algo que solo el Señor puede dar por medio del ayuno y la oración —le aseguré.

Así, caminando y conversando, llegamos hasta donde estaba el presidente, quien me preguntó cómo era José. Entonces le conté que es una persona muy familiar y cariñosa. Que le gusta mucho estar con nosotros, que es muy hogareño y tiene mucha fe en Dios. Me encontraba entretenida conversando y no me había dado cuenta de que todas las cámaras se hallaban a mis espaldas. De pronto, el presidente me dijo: «Acérquese y mire. La cápsula está a punto de llegar».

Me acerqué y vi que la cápsula venía subiendo, los hombres que la manipulaban gritaban mirando hacia abajo, pero no se oía ninguna respuesta. En ese momento me invadieron muchas dudas. ¿Le habrá sucedido algo? Quizás le ha subido la presión, no sé. ¿Por qué no responderá?, pensaba. También me pareció que se demoraban mucho en sacarlo. Me sentía un poco nerviosa, así que dije: «¡No escucho ninguna respuesta!». Entonces el presidente se dirigió a otra persona que estaba cerca, la cual gritó a todo pulmón. Fue en ese momento que escuché la respuesta de José. ¡Qué alivio tan grande sentí! ¡José estaba subiendo bien!

La primera intención de mi marido al abrirse la puerta de la cápsula fue venir a saludarme, pero se había olvidado de que primero tenía que quitarse el arnés que llevaba puesto. El coronel Baeza, compañero de José desde la infancia, obviamente quería ver la salida de su amigo, pero no podía gritar ni decir nada porque el presidente estaba presente. Entonces, como cerca del coronel se encontraban tres o cuatro personas de Talca, él les pidió que por favor gritaran y mencionaran a Talca, la tierra natal de este minero. Estas personas no sabían qué gritar, pero de pronto uno de ellos exclamó: «¡Ra, ra, ra, vivan los Rangers de Talca!». En ese momento José se dio la vuelta, levantó su brazo y saludó. Todos pensaron que era un fanático de los Rangers, el popular equipo de fútbol. Todos se rieron muchísimo. Puedo imaginarme el alboroto que se armó en Talca cuando se enteraron a través de todos los canales de televisión que era seguidor de los Rangers.

José salió, nos abrazamos y le dimos gracias a Dios juntos. Toda la gente comenzó a gritar: «¡El beso, el beso, el beso!». Nos dimos un beso y estuvimos abrazados un buen rato. Después, cuando leímos los diarios, descubrimos que uno de ellos escribió: «Ella lo abrazó y lloró largamente en el hombro de su esposo». Sin embargo, en verdad no lloré. Me sentía feliz.

Él me habló muy cerca al oído para que ninguna cámara lo escuchara y me saludó de la forma que siempre lo hace: «¿Cómo estás, *amore mío*?». Yo le dije: «Te he echado mucho de menos. Este ha sido el turno más largo que has trabajado en tu vida». Él se rió muchísimo.

Al rato se lo llevaron. Transcurrió alrededor de una hora y más tarde nos permitieron ir a saludarlo en una sala del hospital que habían dispuesto para ello. Allí estaban todos, los treinta y tres, así como la familia de cada uno. También había muchos periodistas y mucha gente.

José fue uno de los primeros en recibir el alta del hospital. No experimentó ninguna secuela debido al accidente. Lo único que lo perturbaba un poco era el trastorno en el sueño, ya que una vez que llegó la electricidad las luces se mantuvieron encendidas día y noche, de modo que no sabían bien qué hora era.

El regreso

Viajamos en avión hasta Santiago, donde nos estaban esperando una gran cantidad de periodistas. La sorpresa fue grande cuando mi primo nos llamó por teléfono y nos dijo que dos camionetas venían a buscarnos a todos a fin de regresar a Talca.

Cuando arribamos, nos estaban esperando el alcalde de Maule con una comitiva y una hermana de José. Llegamos a Talca en caravana. Por el camino nos aguardaban para saludarnos gente de la iglesia en sus vehículos y muchos buses. Habían organizado una recepción en la casa de mi suegra. Cerraron toda la calle y nuestros familiares estaban esperándonos junto a todos los vecinos. A los pocos minutos tuvimos que abandonar esa fiesta porque nos habían organizado otra recepción en la plaza. Fue un día maravilloso.

Jamás imaginé todo lo que hemos experimentado desde entonces. En mi oración le pedía a Dios lo mejor para José. Oraba que le diera la capacidad para testificar acerca de todo lo que había sucedido y contarles a otros sobre el milagro inmenso que Dios había hecho con él y sus compañeros, así como de la misericordia que ha tenido con nuestra familia. El Señor es fiel. Lo que hemos vivido es en verdad maravilloso. Desde la salida de José de la mina todo ha sido una gran bendición. Ni siquiera en mis sueños podía haber imaginado todas estas cosas.

Nos agradaría recibir noticias suyas.
Por favor, envíe sus comentarios sobre este libro
a la dirección que aparece a continuación.
Muchas gracias.

Editorial Vida.com

Vida@zondervan.com
www.editorialvida.com